Capítulo Uno

Se cierra la puerta del carro y quedan solos. Mientras el anciano daba marcha atrás, hacia la calle, el hombre más joven dijo: "Gracias por acompañarme a hacer esto, Poobah."

"Para eso estamos los Poobahs, Sunshine."

No hubo más intercambios de palabras hasta su aproximación a la carretera. Una valla publicitaria indicaba: "Starbucks a 19 kilómetros."

El joven apagó la radio. "¿Por qué me llamas Sunshine?"

"Porque eres muy brillante y emanas un cálido resplandor." El viejo lo miró. "¿Quisieras que te llame de otra manera?"

El joven no dijo nada. A los pocos minutos se aproximaron a otra valla publicitaria que decía, "Starbucks. Próxima salida."

"Vayamos por un café. Va a ser un largo recorrido", dijo el joven. Sonriendo exclamó, "Por cierto, hoy invitas tú."

"¿Invito yo? Creí que estabas amasando una pequeña fortuna."

La sonrisa se desvaneció en su rostro, como si el anciano hubiese extinguido su fulgor. "Estoy construyendo una pequeña fortuna, Poobah. El problema es que comencé con una mil veces mayor."

Unos minutos más tarde, el anciano pagó en la ventanilla con un billete de veinte dólares y recibió los dos cafés. Le pasó uno al joven y colocó el otro en su portavasos. La mesera le devolvió su cambio. El anciano la miró y dijo: "No. Eso es para ti.", regalándole una sonrisa y un guiño mientras se alejaba.

"Te he visto hacer eso toda mi vida y nunca lo he llegado a comprender."

"¿A qué te refieres?"

"Siempre das una propina excesivamente exagerada. Siempre. Aun cuando te prestan mal servicio. ¿Por qué? ¿Por qué recompensas la incompetencia?"

"Ah. Crees que la propina es por su desempeño."

"Claro que la propina es un reflejo de su desempeño. ¿De qué más se trata?

"La propina es algo que hago por mí, Sunshine."

"¿Le das diez dólares a una desconocida en una ventanilla sólo para probar que eres rico? Rayos, ella ya sabía que eras rico desde el momento en que vio el automóvil."

"La sorprendí con algo que ella no esperaba. Me hace sentir bien saber que ella ahora está teniendo un mejor día del que tenía hace 5 minutos."

"¿Te hace sentir diez dólares mejor?"

"Fácilmente."

"Estás loco, Poobah."

"Siempre lo he estado."

Transcurrieron los minutos.

Sunshine coloco su tasa vacía dentro de la de Poobah.

"Sunshine, tu dijiste que estabas haciendo una pequeña fortuna comenzando desde una más grande. ¿Supongo que hablas sobre el dinero de los inversionistas?"

El joven asintió con la cabeza.

"Sunshine, cuéntame…, ¿qué sabes acerca de principios unificadores?."

"¿Células, evolución, genes y homeostasis?"

"No en biología. En los negocios."

"No te entiendo."

"Los principios unificadores hacen que todas las facetas de un negocio se alineen."

"Los diamantes tienen facetas, Poobah. Los negocios tienen departamentos y divisiones."

"Los negocios que brillan tienen facetas."

El joven soltó un suspiro de resignación, "Está bien. Dame un ejemplo."

"George Eastman organizó la Eastman Dry Plate Company en 1881 bajo cuatro principios unificadores:

Mantén el precio del producto bajo para que el cliente pueda encontrarle otros usos.

Siempre vende por medio de una demostración.

Sé el primero en adoptar las nuevas tecnologías.

Escucha lo que te está diciendo el cliente.

Cada vez que había que tomar una decisión, el Director Ejecutivo elegía la solución con la más clara alineación a esos cuatro principios unificadores. En 1976, Eastman Kodak vendió el 90% de todos los rollos fotográficos y el 85% de todas las cámaras de los Estados Unidos. En 1988 tenía más de 145,000 empleados alrededor del mundo, en 1996 percibía 16 mil millones de dólares en ingresos anuales y estaba valuada en 31 mil millones. "Sin embargo, en el 2012 cayó en la bancarrota.

Poobah, detesto tener que ser yo quien te lo cuente, pero Kodak quebró. Caducó. Los tiempos han cambiado."

"Es cierto, pero Kodak quebró cuando abandonó los principios unificadores que le dieron su visión, propósito y fortaleza."

"Estás filosofando, Poobah. Yo hablo sobre declararse en bancarrota. Estoy hablando de hechos."

El viejo sonrió. "Está bien, Sunshine, aquí va un hecho. El principio número 3 era: "Se el primero en abrazar nuevas tecnologías."

"Estás diciendo que Kodak debió haber sido el líder en la fotografía digital."

"No, estoy diciendo que sus principios unificadores sostenían que ellos debieron haber sido pioneros en fotografía digital. Kodak quebró porque decidió aferrarse al negocio del rollo fotográfico. Dejaron de escuchar al consumidor."

"La Internet ha revolucionado nuestra vida."

"No tanto como piensas."

"Poobah, entiendo que estás tratando de ayudar y te quiero por eso, pero las cosas no son como eran cuando tú tenías mi edad, o aun cuando mamá tenía mi edad. Los negocios en la actualidad se enfocan en métricas, números y resultados."

El anciano lo miró durante unos largos segundos y luego regresó su vista hacia la carretera. "Los resultados, los números y las métricas son generados por las acciones. El comportamiento."

"La conducta y acciones del cliente, sí."

"Pero las acciones del cliente hubiesen podido ser modificadas por las nuestras."

"Tengo personas capacitadas trabajando conmigo, Poobah. Ellos saben lo que están haciendo."

"Ellos están haciendo lo que creen que es lo correcto."

"Ellos saben lo que están haciendo."

"Cada acción es la expresión de una creencia. Esto es cierto si eres un cliente o un empleado o un director en Poobah."

"¿Estás diciendo que necesitamos mejores estrategias de mercadeo para cambiar la manera en la cual nuestros clientes nos perciben?"

El viejo negó con la cabeza. "No estoy hablando de mercadeo. Hablo de tomar decisiones y comenzar a actuar. Digo que necesitas ver más allá de los datos del desempeño de la compañía y advertir los datos que revelan la realidad de tu cliente."

"Las cosas son diferentes ahora, Poobah. Las cosas han cambiado."

"Algunas cosas no cambian nunca."

"Nadie más que tú cree eso."

"Bezos también lo cree."

"¿Jeff Bezos, el de Amazon?"

"Te hablaré sobre Bezos después que te cuente acerca de las cuatro personas que encontrarás en el océano de la vida."

"¿Podemos saltarnos el océano de la vida e ir directo a Jeff Bezos?"

"No. El camino es largo. Tenemos tiempo para hablar de ambos."

El joven se recostó en su asiento, cruzó los brazos y cerró los ojos mientras el hombre mayor continuaba.

"Únicamente existen cuatro personas en el océano de la vida y las encontrarás una y otra vez. La primera es un náufrago. Los vientos y las olas de las circunstancias empujan al viajero infatigable en un vaivén y este náufrago simplemente fluye con los cambios. Sabes que te has topado con un náufrago cuando dicen: "Como quieras. Todo está bien.""

Con sus ojos aún cerrados Sunshine sonrió y dijo: "Sonaste igual a Bobby Marino al decir eso."

"La segunda persona es la que está surfeando. Los surfistas parecen estar pasando un buen rato, pero nunca llegan a ningún sitio, a menos que sea por casualidad. Sólo está buscando una ola qué montar. "La mejor alternativa."

"¿Se supone que debo entender que el viento y las olas representan nuestras circunstancias y que el surfista es un oportunista que está buscando una ola qué montar?"

"Sí."

Los ojos del joven se abrieron de repente: "¿Y qué tiene de malo eso?"

"Que no está enfocado en un destino. Está intentando mantenerse sobre la ola."

"Pero si tiene habilidad, puede montar esa ola hasta el final."

"El peligro no es que se pueda caer, Sunshine, el peligro es que esté montando una ola que no va a ninguna parte."

"Hablas sobre filosofía otra vez."

"La tercera persona que encontrarás en el océano de la vida se está ahogando."

El joven vuelve a cerrar los ojos y a se acomoda en su asiento. Sus palabras eran más suaves ahora: "Así es como me siento."

"Yo sé, Sunshine. Pero tú no eres alguien que suele ahogarse."

El joven volteó la cabeza hacia la ventana. El anciano prosiguió.

"Cada uno de nosotros, si estamos sanos y somos normales, tal vez necesitemos ser rescatados dos o tres veces en nuestras vidas por alguien que nos ama. Puede ser un rescate financiero, emocional, químico o de relaciones; pero vamos a necesitar que alguien se incline, nos agarre y nos saque de nuevo hasta donde podamos respirar. Eso es normal. Necesitamos que nos rescaten porque somos humanos."

Sunshine se mueve en su asiento.

El anciano continuó: "Pero esta tercera persona se siente hundida anímicamente de manera perpetua. Los has conocido. Se quejan y lloriquean: "Esta ha sido la peor semana de mi vida. No sé qué voy a hacer." Así que los ayudas. Los ayudas a reemprender sus vidas. Luego, cuando los vuelves a ver y les preguntas cómo les va, dicen: "Esta ha sido la peor semana de mi vida. No sé qué voy a hacer.""

"El tío Todd. Rick el cartero. La amiga de Mamá, Sharon."

"Como dije, todos los hemos conocido."

"¿Entonces cuál es la cuarta persona?"

"La cuarta persona es la que tú y yo queremos ser."

"¿Exitosa?"

"Generalmente tienen éxito, tarde o temprano, pero el éxito es un resultado. La razón por la que tienen éxito es porque están haciendo un camino."

"Un navegante se fía de números, Poobah. Métricas, tablas, "gráficos circulares.""

El anciano suspiró. "Analizamos los números para saber dónde estamos. Los números nos demuestran los resultados de las decisiones que hemos tomado hasta ahora. Pero no nos dicen hacia dónde ir."

"¿Entonces cómo navega un navegante?"

"Un navegante es guiado a través de las tinieblas por una fuerza que no está conectada al viento ni a las olas. La Estrella del Norte ha sido el faro que nos ha servido de guía durante miles de años porque es la única estrella en nuestro firmamento que no se mueve."

"¿Estás seguro?"

"El hemisferio sur tiene la Cruz del Sur."

"Entonces estás hablando del hemisferio norte."

"Estoy hablando sobre el lugar donde vivimos tú y yo."

"Continúa."

"La Estrella del Norte, la Estrella Polar, está ubicada directamente encima del eje de la tierra. Todas las demás estrellas del cielo y la tierra misma giran alrededor de esa luz de guía. Es un principio unificador, un estándar no negociable."

"Excelente historia, Poobah. Ahora cuéntame sobre Bezos de Amazon."

"Vamos a dejar que Bezos hable por sí mismo. Googlea "Las 20 Cosas Más Inteligentes que dijo Jeff Bezos."

Un momento después, el joven dice: "Aquí está. 'The Motley Fool'. Morgan Housel."

"Ése es. Ahora mira el número 6 en la lista."

El joven comienza a leer en voz alta. "Muy frecuentemente me preguntan: ¿Qué va a cambiar en los siguientes 10 años?", pero casi nunca me preguntan: "¿Qué no va a cambiar en los siguientes 10 años?" Yo te digo que esa segunda pregunta es, de hecho, la más importante de las dos, porque tú puedes construir una estrategia de negocios alrededor de las cosas que son estables a través del tiempo… En nuestro negocio minorista, sabemos que los clientes quieren precios bajos y yo sé que eso va a ser cierto en 10 años. Quieren entrega rápida; quieren una amplia selección. Es imposible imaginarse que, en 10 años, exista el cliente que venga y me diga: "Jeff, amo a Amazon; sólo deseo que los precios fueran un poco más altos", o "Amo a Amazon; solo quisiera que entregaran las cosas un poco más lentamente". Imposible. Por eso la energía que pongamos en mejorar esas cosas sabemos todavía nos va a dar beneficios con los clientes dentro de 10 años. Cuando tienes algo que sabes que es verdadero, aún en el largo plazo, puedes permitirte dedicarle mucha energía."

El joven alza la vista de su teléfono y la dirige hacia el parabrisas.

Pasaron unos minutos.

"Sunshine, ¿crees que, si tomas las acciones correctas, obtendrás los resultados correctos?"

"¿Por qué siento que me estás tendiendo una emboscada?"

"Para cambiar las acciones de una persona, primero tienes que cambiar sus creencias. No te estoy tendiendo una emboscada, Sunshine. Estoy, sin embargo, tratando de cambiar tus creencias. Pero lo estoy haciendo abiertamente. No hay emboscada. Ahora, googlea "La carta de Bezos a sus accionistas. 2010".

Un momento después, el joven comienza a leer: "En una carta a sus accionistas, en el 2010…" Su voz se sumió en el silencio y regresó a su tono normal poco después. "Los principales dirigentes, que son nuevos en Amazon, se sorprenden por cuán poco tiempo pasamos discutiendo los estados financieros actuales o debatiendo los resultados financieros proyectados. Es importante tener en claro que tomamos los resultados financieros muy en serio, pero creemos que enfocar nuestra energía en los ingresos controlables de nuestro negocio es la forma más efectiva de maximizar los resultados financieros a través del tiempo.""

El anciano se sonrió mientras preguntaba: "¿Qué fue lo que dijo Bezos que era la manera más efectiva de maximizar resultados financieros a través del tiempo?"

El joven vio su teléfono celular: ""Creemos que enfocar nuestra energía en los ingresos controlables de nuestro negocio es la forma más efectiva de maximizar los resultados financieros a través del tiempo."

El anciano dijo: "¿Me pregunto a qué se refiere con ingresos controlables?"

El joven dijo: "Estoy completamente seguro de que ya lo sabes y estoy muy seguro de que estás a punto de decírmelo."

"Como ya lo dije, eres un chico muy brillante."

Capítulo Dos

"Sunshine, ¿te acuerdas de los cuatro principios unificadores de George Eastman?"

"Recuerdo que uno era: "Mantén el precio del producto bajo para que el cliente pueda encontrarle otros usos" y otro era: "Escucha lo que te está diciendo el cliente"."

"Jeff Bezos se enfocó claramente en esas ideas cuando dijo: "Cuando las cosas se complican, las simplificamos diciendo "¿qué es lo mejor para el cliente?" Y luego aceptamos, como un artículo de fe, que si hacemos eso, va a funcionar en el largo plazo."

"¿Él de verdad dijo "un artículo de fe"? ¿Esas son sus palabras, no las tuyas?"

"Son sus palabras. No las mías."

"Eso me hace maravillar un poco."

"Sunshine, todas las compañías empiezan pensando en el cliente, pero luego la gerencia comienza a pensar en términos de divisiones y departamentos; y antes que te des cuenta de lo que está sucediendo, la compañía está gastando mucha energía manejando las luchas y batallas internas porque se han formulado objetivos contradictorios."

"¿Y los principios unificadores resuelven todo eso?"

"Lo hacen si esos principios les fueron inculcados en la compañía a todos, para cada acción que toman."

"Mi compañía tiene una declaración de objetivos fundamentales."

"Queremos proveerles a nuestros empleados un ambiente de trabajo agradable, darle un excelente servicio a nuestros clientes, hacer ganancias justas y honestas y darle un sano retorno de inversión a nuestros inversionistas."

"¡Oh! ¡Ya la leíste!"

"No, eso es lo que dicen todas."

"¡Ay!"

"No estaba tratando de lastimarte, Sunshine."

"Entonces, ¿cómo difieren los principios unificadores de las declaraciones de objetivos fundamentales?"

"Una declaración de objetivos fundamentales es publicidad. Los principios unificadores son un sistema operativo."

"¡Mírate, Poobah! "Un sistema operativo". Utilizaste una metáfora contemporánea."

El anciano sonrió. "Sunshine, si verdaderamente haces que el cliente sea el centro y el principio de cada iniciativa, puedes incrustar esa mentalidad en la cultura de tu compañía. Las declaraciones de objetivos fundamentales y eslóganes no cambian lo que cree la gente, porque la mayoría de la gente no está escuchando lo que dices. Está esperando ver lo qué haces."

Luego de un silencio, el joven dijo: "Googleé "principios unificadores, Amazon", y "principios unificadores, Jeff Bezos" y ni una búsqueda me llevó a nada que se parezca a lo que estás diciendo."

"Jeff Bezos no se refiere a sus creencias más arraigadas como "principios unificadores", así es como yo los llamo. Pero si escuchas lo que Jeff siempre dice y observas lo que hace, es fácil comprender como Amazon.com fue construido sobre cuatro sólidos pilares."

El joven habló en forma calmada: "Para cambiar las acciones de una persona, tienes que cambiar primero sus creencias."

El anciano dijo: "Estos son los cuatro pilares de piedra de Amazon.

UNO. Centralidad en el cliente.
DOS. Optimización Constante.
TRES. Cultura de Innovación.
CUATRO. Agilidad Corporativa.

Éstos son la esencia de la marca de Amazon."

"Pero Amazon no es una marca, Poobah. Es un canal de distribución."

"Por supuesto que Amazon es una marca."

"Creo que tenemos dos ideas muy diferentes acerca de qué es una marca."

"Googlea lo que tiene qué decir Bezos al respecto."

El joven habló unos segundos más tarde: "Bezos dice: "Tu marca es lo que otras personas dicen de ti cuando no estás enfrente.""

"Una marca no es lo que dices de ti mismo, Sunshine. Tu marca está construida sobre tus acciones. Tu desempeño y el de tus productos."

"Es fácil deslumbrar al cliente cuando no tienes que producir ganancias. Amazon jamás ha tenido ganancias, Poobah."

"Ese es un mito popular, pero no es cierto. Amazon se hizo rentable en el cuarto trimestre del 2001, cuando reportó un ingreso neto de $5 millones. En el 2003 el ingreso neto creció a $5.26 mil millones y tuvo una ganancia neta de $35 millones. En el 2015 se convirtió en la compañía que más rápido llegó a los $100 mil millones de ventas anuales y generó un flujo de caja libre de $8 mil millardos, luego de haber saldado todas las cuentas y realizado todas las inversiones. El 50% de todo el comercio electrónico se procesó por Amazon ese mismo año y el porcentaje está aumentando."

"¿Por qué sabes tanto acerca de las finanzas de Amazon?"

"Compré mis acciones en Amazon en aquel entonces, cuando valían $10 cada una, luego de caer de su precio previo de más de $100."

"¿Cómo sabías que hacer eso era lo correcto?"

"Cuando los que piensan a corto plazo comienzan a vender las acciones de las compañías con una visión a largo plazo, allí es cuando compro mis acciones."

"¿Por qué todo el mundo dice que Amazon no es rentable?"

"Porque los BCN siempre tienen que justificar su pensamiento de corto plazo."

"¿BCNs?"

"Bastardos Con Nervios. "Comensales de malvaviscos."

El rostro del joven explotó con una sonrisa. Miró hacia abajo, sacudió la cabeza y dijo: "Estás loco, Poobah."

"Siempre lo he estado."

"Puedo ver que te estás muriendo de las ganas de contarme sobre los comensales de malvaviscos, así que adelante. Tenemos tiempo."

El anciano arqueó una ceja. "No me estoy muriendo por contarte nada. Si quieres saber, vas a tener que decir: "Por favor, amable caballero, cuénteme sobre los comensales de malvaviscos."

"Por favor, amable caballero, cuénteme sobre los comensales de malvaviscos."

"Es bueno verte sonreír, Sunshine."

"Comensales de malvaviscos."

"Fue a finales de la década de los 60 cuando un par de psicólogos de Stanford llevó a cabo un experimento con unos cuantos niños entre 4 y cinco años."

"¿Experimentaron con niños?"

"Cerca de 600 de ellos."

"No podrían hacer eso en estos tiempos."

17

"Fue inocuo. Llevaron a cada niño a un cuarto y pusieron un malvavisco en la mesa a su lado y dijeron: "Te puedes comer este malvavisco si quieres, pero si todavía está aquí cuando yo regrese, te daré un segundo malvavisco y vas a tener dos para comer.""

"Estaban probando la paciencia del niño."

"El experimento se suponía que debía tratarse acerca de la gratificación instantánea versus la gratificación retrasada."

"¿Y cuál fue el resultado?"

"La mayoría de los niños comieron el malvavisco."

"¿Cuánto tiempo pasó antes que el adulto regresara con el segundo malvavisco?"

"Aproximadamente 15 minutos."

"No estoy seguro qué habría hecho yo."

"Tú no eres un comensal de malvaviscos, Sunshine. Simplemente has estado tratando de hacer felices a un montón de comensales de malvaviscos."

"No estoy seguro de cuál es el punto de la historia."

"Eso es porque no ha terminado aún."

"Por favor, amable caballero, cuénteme la parte interesante de la historia."

"Tenían los nombres de todos esos niños y material de video de cada uno de ellos sentado al lado del malvavisco hasta que el niño finalmente cedía y se lo comía. Pero esa no es la parte interesante."

"Varios años después decidieron darle seguimiento a esos niños y ver la persona que se habían convertido."

"¿Y?"

"Cuanto más tiempo fue capaz de esperar el niño antes de comerse el malvavisco, mayor puntuación obtuvo en el examen para ingresar a la universidad en la escuela preparatoria."

"Estás inventando eso."

"Te aseguro que no. También tenían niveles más bajos de abuso de sustancias, menor posibilidad de obesidad, mejores respuestas al estrés, mejores habilidades sociales y puntajes más altos en una amplia gama de conductas que los psicólogos llaman "funciones ejecutivas"."

"La hormiga mira hacia el futuro, pero el saltamontes no. Por eso es por lo que el saltamontes muere en el invierno."

"Estoy sorprendido que estés familiarizado con esa historia."

"¿Por qué?"

"Pensé que no la contaban."

"Era un cuento para dormir que me contaban de pequeño por las noches."

"¿Tu mamá?"

"Sí."

El anciano sonrió. "¿Te conté que hubo un niño que esperó los quince minutos completos y nunca se comió el malvavisco?"

"¿Sólo un niño?"

"Mark Zuckerberg."

"Estás inventando eso, ¿verdad?"

"Sólo la parte de Zuckerberg. El resto es completamente cierto. Me estabas preguntando por qué la gente afirma que Amazon no es rentable. ¿Ya lo descubriste?"

"Déjame ver. Parece que estás diciendo que la gente habla mal de Bezos y asegura que Amazon no es rentable porque son "Bastardos Con Nervios Saltamontes Comedores de Malvaviscos" que no tienen el estómago para aguantar la gratificación retrasada."

"Olvídate de los BCN, Sunshine. Son mosquitos."

"Los mosquitos son difíciles de ignorar."

"Warren Buffet ignoró a los mosquitos. Steve Jobs, Mark Zuckerberg, Howard Schultz, Julius Rosenwald también. Jeff Bezos saqueó las ganancias de Amazon y las pasó a Investigación y Desarrollo porque no estaba dispuesto a cometer el error de Kodak."

"¿Así que, si Jeff Bezos hubiera sido el Director Ejecutivo de la Kodak, todos andaríamos ahora con celulares llenos de tecnología Kodak?"

"Abra…" "Cadabra. Creo que puedes tener razón."

"Kodak fue un innovador de tecnología durante casi 100 años antes que comenzaran a pensar en sí mismos como una compañía de películas para cámaras."

"¿Cuánto exactamente gasta Bezos en Investigación y Desarrollo?"

"Recuerdo un año - creo que fue en el 2013 - cuando Bezos estaba metiendo dinero en los Servicios Web de Amazon, refinando el Kindle, expandiendo su robótica en los almacenes e investigando las entregas con drones; que gastó casi lo mismo en Investigación y Desarrollo que Google y Apple, combinados."

"No puedes estar hablando en serio."

"Eso quiero decir. Bezos gastó $15.4 mil millones. Google $9.8 y Apple $6.6."

"¿Estuvieron entre los tres que más gastaron?"

"Más o menos. IBM gastó$9.7 mil millones, Alibaba $9.8, Lilly Pharmaceuticals ,$4.7y Facebook$3.7. No recuerdo más."

"Estoy impresionado que recuerdes todas esas cifras. Jamás te consideré un tipo de números."

"Pongo mi atención en las cifras más importantes."

"¿Estás diciendo que las cifras de Investigación y Desarrollo importan?"

"Estoy diciendo que la innovación importa. Los experimentos importan. Pensar hacia adelante importa. Las compañías que piensan a futuro y experimentan son las que innovan. Las marcas que miran más allá de los datos de desempeño de la compañía para ver los que revelan la realidad de los clientes, son las marcas que siguen sorprendiéndonos."

"Estoy empezando a ver por qué dices que una marca está construida sobre acciones más que sobre palabras."

"De nuevo, por eso es que te llamo Sunshine."

"¿Crees que cualquier compañía de tecnología puede mercadearse igual que Amazon?"

"No tiene nada que ver con tecnología. Hasta un puesto de venta de limonadas puede mercadearse como Amazon. Si no te comes el malvavisco, puedes construir cualquier cosa que quieras sobre esos cuatro pilares.

"¿Cuáles eran? Voy a escribirlos."

El anciano se sonrió. "Centralidad en el Cliente. Optimización Constante. Cultura de Innovación. Agilidad Corporativa."

"Sumerjámonos en ellos."

"Con gusto, Sunshine."

Capítulo Tres

"Da la vuelta y vuelve a aquel Starbucks, Poobah. Tienen Wi-Fi y quiero usar mi laptop."

El anciano tomó la siguiente salida, dio la vuelta en el paso a desnivel de la carretera y se dirigió de regreso por el camino que ya habían tomado. "¿Quieres que comience la inmersión profunda o prefieres esperar por tu tanque de submarinismo?"

El joven nunca separó la vista de su celular. "Me gustaría enseñarte la información que estoy viendo y no lo puedo hacer mientras estás manejando."

"Voy a parar en Walgreens antes de llegar a Starbucks."

"¿Estás tomando medicinas?"

"No, Sunshine, tú." Se sonrió. "Y, realmente, lo has hecho bastante bien."

El anciano salió de Walgreens, abrió la puerta del carro y arrojó una bolsa enorme de malvaviscos sobre el regazo al joven que pretendió no darse cuenta. El anciano sonrió mientras cerraba la puerta del carro y poniéndolo en reversa, dijo: "el primero de los cuatro pilares es Centralidad en el Cliente. Bezos dice: "Si realmente estás obsesionado respecto a tus clientes, eso va a aminorar las consecuencias de muchos de tus errores."

El joven levantó la vista de su celular. "Pero Jeff Bezos no inventó la centralidad del Cliente, Poobah. Sam Walton adoptó este enfoque antes que Jeff Bezos naciera."

"Y Cornelius Vanderbilt se centró en el cliente antes que naciera el abuelo de Sam Walton."

"Háblame de eso."

"Vanderbilt se dio cuenta que todos los pequeños barcos que transportaban pasajeros y carga entre Staten Island y Manhattan hacían esperar a sus clientes hasta llegar a su plena capacidad antes de hacer el viaje que atravesaba la Bahía de Nueva York. Así que le pidió prestados cien dólares a su madre para comprar un barquito pequeño y publicó detalle de sus horarios de llegada y partida en ambos lados del río. Se apegó a ese horario ya fuera que tuviera un único pasajero o el barco lleno de carga y pasajeros. No le tomó mucho tiempo a Vanderbilt lograr que todo el mundo subiera con él."

"¿Él es a quien le decían el "Comodoro" Vanderbilt?"

"Comenzaron a decirle el "Comodoro" cuando empezó a transportar pasajeros y carga por toda la Costa Este en barcos a vapor. Ganó su nombre y su fortuna saliendo a tiempo, llegando a tiempo y sin perder tu equipaje."

"¿No fue así como Herb Kelleher construyó Southwest Airlines?"

"¿Ya leíste su libro?"

"No sabía que hubiera escrito uno."

"Se llama 'Nuts'. Vanderbilt y Kelleher eran del mismo tipo. Sólo tenían cortes de pelo diferentes."

"Yo creí que la fortuna de los Vanderbilt se había edificado sobre las vías férreas."

"No, la fortuna de los Vanderbilt se construyó sobre la atención al cliente."

"¿Pero no compró un montón de ferrocarriles?"

"Claro. Cuando todos estaban en quiebra, Vanderbilt detectó el problema, compró varios de ellos con el dinero que ganó con los barcos a vapor y luego hizo lo que siempre había hecho."

"¿Salir a tiempo, llegar a tiempo y sin perder tu equipaje?"

"Abra…"

"Cadabra. El mismo tipo con un corte de pelo diferente."

"Por cierto," dijo el anciano, "cuando Vanderbilt muere en 1877, tenía una fortuna valorada en cien millones de dólares. Eso era muchísimo dinero en ese entonces."

"Sigue siendo muchísimo dinero ahora, Poobah."

"¿Lo es?"

Transcurrieron los minutos mientras el viejo manejaba. El interior del carro estaba silencioso mientras que los dedos del joven se movían sobre la pantalla de su celular. El anciano rompió el silencio: "Hace poco dijiste, "Sam Walton se centraba en el cliente antes que Jeff Bezos naciera." ¿Cómo sabías eso?"

"Cuando estabas en Walgreens leí que Sam Walton decía: "Sunshine hay un Poobah. El cliente. Él puede despedir a todo el mundo de la compañía, del director para abajo, simplemente con gastar su dinero en otra parte."

"Sam se enfocó tanto en el cliente como se lo permitía la tecnología de su época", dijo el anciano, "pero cuando falleció, Wal-Mart quedó muy rezagado."

"¿Estás diciendo que Sam era un tipo cálido y feliz?"

"No importa si lo fuese o no, Sunshine. Estar centrado en el cliente no es sentir amor por él. Se trata sobre aprender qué es lo que quiere y dárselo."

"No puedes exceder las expectativas del cliente si no las conoces exactamente."

"¿Pudiste identificar los principios unificadores de Sam?"

"Él los llamaba sus Diez Mandamientos," dijo el joven.

"Léelos."

"Los 10 Mandamientos de Sam Walton:

1. Comprométete con tu negocio.

2. Comparte tus ganancias con tus asociados y trátalos como tus socios.

3. Motiva a tus colegas.

4. Comunica todo lo que te sea posible a tus socios.

5. Aprecia todo lo que tus asociados hacen por tu negocio.

6. Celebra tu éxito.

7. Escucha a todos dentro de tu empresa.

8. Excede las expectativas de tus clientes.

9. Controla tus gastos mejor que lo hace tu competencia.

10. Abre tu propio camino."

"¿La compañía se ha mantenido fiel a esos principios desde que murió el viejo Sam?"

"Bueno, Poobah, me parece que han decidido enfocarse en el N°1 y el N°9, pero el resto ha caído en el olvido."

"Y ahora ya sabes por qué yo no tengo acciones de Wal-Mart."

"Pero ellos siguen siendo los vendedores al por menor más grandes de los Estados Unidos."

"Antes de ellos, Sears era el vendedor al por menor más grande de los Estados Unidos. Mientras Sears se mantuvo comprometido con los principios de Julius Rosenwald, ellos eran el gigante financiero de los Estados Unidos. Pero Rosenwald murió en 1932. Y los buques de guerra como Sears y Wal-Mart pueden flotar sin rumbo por poco tiempo antes de comenzar a llenarse de agua y crujir y quejarse."

"¿Qué hacía que Rosenwald fuera especial?"

"Rosenwald era rápido para ayudar a buenas personas que se encontraban atravesando dificultades."

"Así que se parecía mucho a Sam Walton."

"Mismo tipo, diferente corte de pelo. Excepto que uno era un protestante de Oklahoma y el otro era un judío de Chicago."

"¿Sam Walton era judío?"

"Una persona podría pensarlo por la forma en la que trataba a su gente. Cuando Sam Walton estaba vivo, Wal-Mart estaba centrado en el cliente y los Diez Mandamientos de Sam sobre la manera de formar una alianza con sus empleados casi podrían haber sido sacados del Talmud."

"Háblame más acerca de Rosenwald."

"Googlea "Julius Rosenwald." Busca la referencia que sale de los Archivos de Sears."

"Ya la tengo."

"Hazle clic."

"Julius Rosenwald nació, blah, blah, blah…" El joven se calló, luego volvió a leer. "Rosenwald insistió que la meta principal de la compañía debía ser la responsabilidad con el cliente. Estableció la promesa de "satisfacción garantizada o le devolvemos su dinero" y condujo todos sus negocios bajo el credo de "Vende mercadería de calidad por menos dinero y más gente la comprará. "Bajo su dirección el negocio se posicionó como una extensión directa de los ojos, oídos y billetera de los granjeros, tomando decisiones para el mejor interés de ellos. Después que Rosenwald se retiró como presidente de Sears, en 1924, dedicó la mayor parte de su tiempo a la filantropía. Durante el transcurso de su vida donó millones de dólares a escuelas públicas, universidades, museos, caridades judías e instituciones históricamente afroamericanas. De todos sus esfuerzos filantrópicos, el más famoso fue el de las más de las 5,000 "escuelas Rosenwald" que estableció por todo el Sur de los Estados Unidos para la juventud rural y pobre afroamericana y las 4,000 bibliotecas que agregó a escuelas existentes. La red de nuevas escuelas públicas empleó a más de 14,000 maestros. En 1927 recibió una medalla de oro especial por Logro Distinguido en Relaciones Raciales por sus contribuciones para la educación de la juventud afroamericana."

"Ese fue Julius Rosenwald, Sunshine. Él se preocupaba por sus clientes, por sus proveedores y por ayudar a la gente; a tal punto que a veces tuvo que pedir prestado dinero para cubrir sus propios gastos de manutención."

"¿Por qué tuvo que hacer eso?"

"Literalmente daba todo lo que tenía. Verás, Rosenwald era tan espectacularmente rico que frecuentemente le preocupaba que sus hijos nunca experimenten el placer de esforzarse, trabajar y luchar por alcanzar una meta. Fue un gran promotor de la YMCA en aquel tiempo, cuando era una fuerza principal para ayudar a sacar a la gente de circunstancias difíciles."

"¿Las Asociaciones de Jóvenes Cristianos (Young Men´s Christian Association)? ¿Estás seguro de que este tipo era judío?"

"Los judíos siempre han sido así, Sunshine. ¿Alguna vez has visto el porcentaje de Premios Nobel que le han sido otorgados a judíos?"

"Siempre me he preguntado por qué tantos de tus amigos son judíos."

"Porque están centrados en el cliente y no se comen los malvaviscos."

"No vas a comenzar a hablar de religión, ¿verdad?"

"Estamos hablando de personas, clientes y empleados; y estamos hablando de hacer el mundo un lugar mejor, Sunshine. Estamos hablando de negocios."

"Ok, busquemos el hilo común."

"Moisés ben Maimon fue un rabino que vivió hace aproximadamente mil años. Usualmente le llaman Maimónides o Rambam. Él dijo que hay 8 maneras diferentes de ayudar a la gente y todas esas maneras son buenas, pero que algunas son mejores que otras."

"Ok, estoy comenzando a ver un poco de aplicación a los negocios. Continúa."

"Él dijo que la forma menos efectiva de ayudar a alguien es darle el dinero que necesita."

"¿Por qué consideraba que eso no era efectivo?"

"Dos razones. Número uno, no es sostenible. Número dos, una persona necesita dinero porque existe un problema. Si de verdad te interesas por esa persona, no sólo le vas a dar el dinero y alejarte. Vas a involucrarte y encontrar una solución a largo plazo. El pensamiento tradicional judío se basa en la sostenibilidad. Siempre lo ha sido. Es por eso que son increíbles empresarios."

"Ok, ¿qué dijo este rabino Moisés- lo que sea - que era la mejor forma de ayudar?"

"Adivina."

"¿Darles un empleo? ¿O tal vez ayudarlos a empezar una compañía, para que ellos también pudieran darles un empleo a otras personas?"

"Eres más judío de lo que crees, Sunshine. Ahora dime cómo se conecta eso con lo que Bezos ha estado diciendo."

"Bueno, Bezos dijo: "Creemos que enfocar nuestra energía en los ingresos controlables de nuestro negocio es la forma más efectiva para maximizar los resultados financieros a través del tiempo." En otras palabras, cree en hacer inversiones que rindan resultados a largo plazo, año tras año. Julius Rosenwald creía en los beneficios a largo plazo de una política de reclamos de mercancía "sin preguntas" y en los beneficios a largo plazo de la educación. Ninguno es un BCN."

"Ok, ¿qué más?", preguntó el anciano.

"Bezos se enfoca en tomar acciones, realizar experimentos y ver hacia el futuro. Él no permite que lo simplemente urgente desplace lo verdaderamente importante. Rosenwald era así también. Bezos y Rosenwald son navegantes, con la mirada fijamente hacia una estrella que nunca se mueve, siempre dándole vueltas al timón y ajustando las velas para mantenerse en el rumbo y acelerar la travesía."

"¿Y cuál crees que es la estrella que nunca se mueve?" preguntó el anciano.

"El cliente", dijo el joven.

"Ahora dime cómo Wal-Mart, la compañía más data céntrica de la época, quitó su vista del cliente."

"Walmart innovó con una solución para el manejo del inventario que estableció un nuevo estándar para el mundo. Ellos eran los reyes de la logística y se montaron sobre esa ola hasta la playa. Pero mientras ellos se mantenían enfocados en los datos de desempeño de la compañía, Jeff Bezos estaba pensando sobre lo que cada cliente mira, escucha, lee y comparte. Y, lo más importante, lo que compran y disfrutan. Bezos analizaba los datos la realidad específica del cliente."

"Y por eso es por lo que te llamo Sunshine."

El carro se detuvo en el estacionamiento de Starbucks. El anciano abrió la bolsa de malvaviscos, la metió en el bolsillo de su abrigo y dijo:

"¿Tomarías otro café?"

"Déjame coger mi laptop."

Capítulo Cuatro — Centralidad En El Cliente

El joven tomó asiento, posicionando su laptop sobre la mesa e inmediatamente se puso a trabajar. El anciano llevó dos cafés a la mesa, puso la bolsa gigante de malvaviscos al lado de la computadora del joven y después, silenciosamente, tomó una foto y la subió a la red. El joven ni siquiera se dio cuenta.

"Mira esto, Poobah. Cuando comenzaba Amazon y se estaba posicionando como "La Librería Más Grande del Mundo", sus empleados de Amazon escribían la mayor parte de las reseñas de los libros. Bezos le dijo a su gente que fueran sinceros en sus opiniones, así que naturalmente algunas fueron negativas. Bezos recuerda haber recibido una carta de queja de una editora de libros insinuando que no entendía que su negocio era vender libros, no hablar mal de ellos. "Nosotros lo veíamos de una forma muy diferente", dijo Bezos. "Cuando leí esa carta pensé: nosotros no ganamos dinero cuando vendemos cosas sino cuando ayudamos a los clientes a tomar una decisión de compra."

"Eso es orientación hacia el cliente, Sunshine."

El joven continuó leyendo: "Aunque superficialmente parece contra intuitivo, hasta un poco demente, Bezos sabía que hacer reseñas sinceras en cada página de producto era lo correcto para con el cliente. Hoy, más de la mitad de todas las compras al por menor comienzan con una visita a Amazon para ver las reseñas."

"¿Estás diciendo que Amazon.com se ha convertido en el motor de búsqueda primario para la investigación de productos de consumo en los Estados Unidos?"

El joven alzó la vista y sus ojos se engancharon con los de su inquisidor mientras asentía con la cabeza. Regresando a la pantalla de su computadora, dijo: "En esta entrevista, con Matt Kelly, en el 2013, Bezos dijo: "Si existe una razón por la que nos ha ido mejor que a nuestros colegas en el espacio de la Internet a lo largo de los últimos seis años, es porque nos hemos enfocado en la experiencia de los clientes."

El anciano tomó su café. La cajera de la ventanilla lo vio, luego se sonrió y le saludó con la mano.

"Mira esto, Poobah," el joven giró su computadora para que el viejo pudiera ver la pantalla. "Las diez primeras y las diez últimas compañías públicas evaluadas en el Índice de Experiencia del Cliente de Forrester Research se les llama Líderes y Rezagados de la Experiencia del Cliente respectivamente. Esta tabla ilustra el desempeño de las carteras de acciones reajustadas anualmente según el promedio ponderado del costo de participación de los Líderes y Rezagados de la Experiencia del Cliente, relativo al Índice de los 500 de S&P.

"Ok. Parece que esto abarcó un periodo de tiempo de seis años entre los años 2007 y el 2013."

"Sí."

"Nos está demostrando que el Índice de los 500 de S&P subió en un 14.5% al final de esos 6 años."

"Sí."

"Pero el precio de las acciones de los Rezagados de la Experiencia del Cliente bajó: un 33.9% menos."

"Pero mira a los Líderes de la Experiencia del Cliente, Poobah."

"Subió en un 43%. Así que esta tabla parece indicar que el precio de las acciones de una compañía cae cuando decepciona a sus clientes, pero sube cuando sus clientes creen que son fantásticos."

"Poobah, esa es una oscilación del 76.9% en un periodo de 6 años."

"Así que en el largo plazo paga ser cliente céntrico", dijo el anciano con una sonrisa. "¿Es eso lo que me estás diciendo?"

Mirando fijamente la pantalla de su computadora mientras tecleaba, el joven dijo: "El precio de las acciones sube cuando eres cliente céntrico. El precio de las acciones baja cuando te comes el malvavisco."

Transcurrieron unos minutos. El anciano fue al baño. Cuando regresó, el joven lo estaba esperando. "Poobah, estoy confundido."

"Yo siempre estoy confundido, Sunshine. No te preocupes, ya te acostumbrarás."

"Estaba buscando el tipo de cosas que Bezos podría considerar como ingresos medibles cuando encontré estas analíticas utilizadas por los Gerentes de Categoría de Amazon. Y como es de esperar, cada una de las 4 son cliente céntricas." Le dio la vuelta a la laptop para que el anciano pudiera ver la pantalla.

Analíticas de Clientes: Selección: 7x la profundidad de la categoría.

Precio: del 5% al 13% menos que los 5 competidores principales.

Disponibilidad: 20 rotaciones de inventario indican que los clientes están buscando lo que quieren y que están satisfechos con la rapidez de la entrega. La mayor parte de los pedidos se envían desde almacenes que se encuentran dentro de la misma zona que el cliente o de una zona directamente adyacente.

Experiencia: 13% por encima del Índice de Satisfacción del Cliente de Estados Unidos."

El joven preguntó: "¿Pero, esto ilustra ser Cliente Céntrico o es el resultado de la Optimización Constante? ¿O indica una Cultura de Innovación? ¿O es Agilidad Corporativa?

Sunshine, los ingresos que podrían crear esos resultados no se alinean bajo uno de los pilares de Amazon. Se alinean bajo los cuatro."

El anciano se levantó mientras extendió su mano y le dijo: "Felicitaciones."

El joven se puso en pie y tomó la mano del viejo con una sonrisa confundida. El barista los miraba desde el otro lado del local. "Acabas de descubrir el poder de los principios unificadores, Sunshine."

Volviendo a sentarse, el joven dijo: "Ahora estoy aún más confundido que nunca."

"Como ya te lo dije, te acostumbrarás."

"¿Cómo es que mi incapacidad para categorizar estas métricas demuestra el poder de los principios unificadores?"

"¿Recuerdas cuando te conté acerca de los cuatro principios unificadores de George Eastman?"

"Por supuesto que recuerdo."

"¿Recuerdas cómo te conté que esos principios lo ayudaron a escoger cuál camino tomar cuando llegó a una bifurcación?"

El joven revisó sus notas. "Dijiste: "Cada vez que había que tomar una decisión, Eastman escogía la solución mejor alineada con esos cuatro principios.""

El anciano continuó: "Los pilares de Amazon proporcionan unidad a tu gente y claridad a tu toma de decisiones. Cuando tu pensamiento está dividido entre departamentos y divisiones, es fácil poner las cosas en columnas ordenadas. Se siente bien. Es pulcro y organizado. Tienes un mecanismo para exigir que las personas asuman responsabilidad. Te da a alguien a quién echarle la culpa. Pero lo malo del pensamiento dividido en departamentos es que siempre esconde las respuestas a tus problemas."

"¿Cómo las esconde?"

"¿Alguna vez has visto a un estafador trabajar un Juego Monte de Tres Cartas o esconder un guisante bajo tres tazas mientras las mueve sobre una superficie?"

"El clásico juego de los trileros. Claro."

"Igual que nunca se puede encontrar el guisante bajo una de las tazas, la respuesta nunca puede encontrarse en un único departamento. Siempre está "en otra parte'.""

El joven regresó a ver sus notas. "Dijiste: 'Los principios unificadores alinean todas las facetas de un negocio'."

"¿Recuerdas lo que contestaste, Sunshine?"

"Dije: 'Los diamantes tienen facetas. Los negocios tienen departamentos y divisiones'." Luego el joven se sonrió y dijo: "'Los negocios que brillan tienen facetas'."

"Tienes una bombilla brillante flotando en el aire encima de tu cabeza en este momento", dijo el anciano. "¿De qué te acabas de dar cuenta?"

"Una opción que se alinea con dos de tus principios unificadores no es tan buena como una opción que se alinea con tres de ellos."

"Así que si las mejores decisiones son aquellas que se alinean con todos, las métricas que generen probablemente también van a alinearse con tus principios. La clave es ver más allá de los datos acerca del desempeño de la compañía y ver los datos que revelan la realidad de tu cliente." Los ojos del joven perdieron su enfoque. "Ya lo entiendo… Creo que verdaderamente lo estoy entendiendo."

"Muy pocas personas lo logran, Sunshine."

El joven regresó a ver sus notas. "'Vemos los números para ver dónde estamos y dónde hemos estado. Los números nos enseñan los resultados de todas las decisiones que hemos tomado hasta ese momento. Pero no nos dicen hacia dónde ir'." Luego miró al anciano: "Los principios unificadores, unidos a los datos sobre la realidad de los clientes, nos dicen hacia dónde ir."

Capítulo Cinco — Alineación De Los Pilares

"Sunshine, cuando estabas viendo los 10 Mandamientos de Sam Walton dijiste que sentías que Wal-Mart todavía era guiado por dos de ellos, pero que la compañía parece haber abandonado los otros 8. ¿Recuerdas qué tenían esos 8 en común?"

"Siete de ellos tienen que ver con sensibilizarse con los demás."

"Explícate."

"Me llamó la atención cuando estabas hablando acerca del rabino, Poobah. Las acciones de Sam Walton probaban que él se preocupaba por las personas. Se preocupaba por sus clientes, sus empleados, sus proveedores.

1. Comparte tus ganancias con tus asociados y trátalos como tus socios.

2. Motiva a tus colegas.

3. Comunica todo lo que te sea posible a tus socios.

4. Aprecia todo lo que tus asociados hacen por tu negocio.

5. Celebra tu éxito.

6. Escucha a todos dentro de tu empresa.

7. Excede las expectativas de tus clientes."

"Me impresiona que te hayas dado cuenta de eso, Sunshine."

"El décimo mandamiento se trataba de tener una Cultura de Innovación. Jeff Bezos parece haber recogido esa antorcha cuando Wal-Mart la soltó."

"¿Cuál era el décimo mandamiento de Sam?"

"Abre tu propio camino."

El viejo tomó un sorbo de café. "Tienes razón acerca de Sam Walton, por cierto."

"¿Cómo lo sabes?"

"John Huey se sentaba al lado de la cama de Sam mientras éste estaba muriendo y escribió un libro verdaderamente impresionante de esa experiencia llamado: Sam Walton, Hecho en América."

"Voy a tener que leerlo."

"Deberías."

"Poobah, ¿la gente inteligente hace cosas tontas?"

"¿A qué te refieres?"

"Kodak abandonó los principios que construyeron su compañía y parecería que Wal-Mart está haciendo lo mismo. ¿Por qué la gente deja de hacer las cosas que los hicieron grandes?"

"Sunshine, la gente inteligente es muy buena para racionalizar las cosas en las que llegan a creer por razones no inteligentes. La gente inteligente es capaz de sacudirse la crítica, porque está convencida que tienen la razón y, gracias a sus habilidades superiores de pensamiento, usualmente pueden argumentar mejor que sus críticos aun cuando la crítica esté dando justo en el blanco. Es por eso que la gente inteligente deja de preocuparse."

"¿Estás hablando de la forma en la que Wal-Mart trata a sus empleados?"

"¿Debería hacerlo?"

"Sí, creo que vale la pena hablar de eso. Wal-Mart ilustremente ignora el hecho que sus políticas de gestión abusan de sus empleados y los empujan hacia la pobreza, pero mira cómo respondió Jeff Bezos cuando lo acusaron de presionar demasiado a su gente y no ser sensible a sus necesidades."

"Soy todo oídos."

El joven vio su pantalla. "En agosto del 2015 The New York Times publicó un artículo en el que acusaron a Amazon de presionar a sus empleados al límite, para alcanzar sus ambiciones desmedidas. El artículo se llamaba Adentro de Amazon: Luchando con Ideas Grandes en un Ambiente de Trabajo Magullador."

"¿Y cómo respondió Bezos?"

"En vez de ignorar las acusaciones o justificarse, inmediatamente alentó a sus 200,000 empleados a leer el artículo. Les dijo que él no se identificaba con la imagen que en el mismo habían pintado de Amazon, pero que haría inmediatamente los cambios necesarios para asegurarse que Amazon fuera el tipo de empleador que debía ser."

El anciano preguntó: "¿Pero cuando Jeff Bezos aprobó esa crítica en forma instantánea e hizo cambios en su compañía, con cuál de sus cuatro pilares se alineó? ¿Era Centrada en el Cliente, porque los empleados satisfechos crean clientes contentos? "Era Optimización Constante en una Cultura de Innovación? ¿O era una expresión de Agilidad Corporativa, una voluntad de cambiar?"

"Tú ya conoces la respuesta, Poobah. Fueron todos. Bezos realizó esa acción porque era la única opción que tenía que se alineara con todos los cuatro pilares de Amazon."

"Y por eso es que te llamo Sunshine."

"¿Sabías que cuando Rosenwald aún vivía, Sears era tan poderoso como Amazon lo es hoy?"

"Pero la siguiente generación que estuvo a cargo del liderazgo fue abandonando la centralización en el cliente que dio a Sears su poder. Desarrollaron el hábito de consumir malvaviscos."

El joven dijo: "Sears se comió su último malvavisco en enero del 2017."

"¿Herramientas Craftsman?"

"Déjame leerte esto. Craig Fitzgerald dijo: 'Sears, el legendario vendedor al por menor que comenzó vendiendo palas y picos a pioneros por medio de su catálogo de ventas por correo, anunció hoy que vendía la marca Craftsman por US$900 millones a Stanley Black & Decker... El problema para Sears es que sólo puedes hacer un negocio como ese una sola vez... Para muchos clientes que han visto a Sears degradarse de un gigante de las ventas al por menor a una tienda ligeramente mejorada que una Dollar Store, la marca Craftsman era casi la única razón para entrar a una tienda Sears. Stanley Black & Decker vende herramientas en todas partes, desde las últimas tiendas de barrio, para leñadores y mecánicos, hasta los principales minoristas, como Home Depot. Tan pronto como los consumidores sepan que pueden comprar una herramienta Craftsman sin entrar a la deprimente cáscara de lo que fuera una tienda orgullosa como Sears, van a comprar en otra parte."

"Ahora googlea "Edward S. Lampert.""

"¿Por qué?"

"Salvo que me equivoque, es el actual Emperador Reinante de los BCN y Rey de los Comensales de Malvaviscos."

"El convirtió el hermoso sueño de Rosenwald en una pesadilla," dijo el joven. Ambos permanecieron en silencio durante un momento. "Nunca me respondiste la pregunta, Poobah."

"Perdón. ¿Cuál pregunta?"

"¿Por qué la gente inteligente hace cosas tontas?"

"Porque las cosas tontas producen resultados inmediatos."

"¿Estás diciendo que los resultados inmediatos son malos?"

"No Sunshine. Los resultados inmediatos no siempre son malos. Sólo lo son cuando las acciones que tomas para generar esos resultados no son sostenibles. Producen grandes resultados inmediatamente, pero funcionan cada vez menos mientras más las haces. Cuando estás haciendo las cosas bien, usualmente duele un poco al principio. Pero funciona cada vez mejor mientras más las haces."

"¿Me puedes dar algún ejemplo?"

"Cuando me dieron mi licencia de conducir, a los 16 años, General Motors comercializaba los dos tercios de los carros de los Estados Unidos. Era el que proporcionaba el mayor alto rendimiento entre todas las acciones (blue-chip). Chevrolet, Pontiac, Buick, Oldsmobile y Cadillac eran 5 marcas característicamente distintas y el carro que manejabas hacía saber a la gente mucho sobre ti. Dejaba que la gente viera en qué creías."

"¿Entonces qué les pasó a Pontiac y a Oldsmobile? ¿Todavía los fabrican?"

"No. A mediados de los años 70 GM decidió aumentar sus beneficios eliminando los costos de diseño y utillaje necesarios para mantener 5 líneas de producto diferentes. La empresa calculó que podía manufacturar un solo carro, ponerle cromo diferente, cambiarle un poco las luces delanteras y traseras y cubrir los asientos con una tela diferente y; abracadabra, tenías 5 marcas diferentes. GM estaba vendiendo 5 versiones diferentes del mismo carro a cinco precios diferentes, llamando al primero Chevrolet, al segundo Pontiac, el tercero Buick y así."

"¿Y quién fue el genio detrás de esa decisión?"

"Fue un tipo llamado Thomas Murphy. GM comenzó a obtener ganancias récord inmediatamente, por supuesto, porque las lealtades hacia las marcas eran profundas y los clientes leales no las abandonan fácilmente. En 1980, GM todavía tenía el 62.9% de la cuota del mercado en los Estados Unidos."

"Pero estaban diluyendo el caldo."

"Exacto. Le echaron un poco de agua a su fantástico caldo y la gente todavía compraba el caldo. Dijeron: '¡Hey, mira! ¡A nadie le importa!' Así que le echaron más y más agua hasta que, un día, ya nadie les estaba comprando el caldo. Esto es lo que sucede cuando un ejecutivo emplea el pensamiento 'lineal sin umbral' cuando examina los datos."

"¿'Pensamiento lineal sin umbral'?"

"Si 72 de cada 100 motociclistas mueren al intentar de doblar una esquina a 160 kilómetros por hora, el pensamiento lineal sin umbral pretenderá que 7.2 conductores va a morir si tratan de doblar esa esquina a 16 kilómetros por hora."

"Ya lo veo. Existe un límite de kilómetros por hora en el que la esquina se convierte en peligrosa."

"Murphy era el clásico contable sin umbral. Así que comenzó a meter motores Chevy en Pontiacs y Buicks, porque tenía capacidad ociosa en sus fábricas de motores Chevrolet. Ten en cuenta que esto fue cuando los Olds Cutlass eran los carros más vendidos de los Estados Unidos."

"Este tipo no era cliente céntrico."

"Él literalmente dijo: 'General Motors no está en el negocio de hacer carros. Está en el negocio de hacer dinero.' Este pequeño zurullo de contable fue presagiado de costa a costa como un genio de los negocios cuando dio por sentada la lealtad de los clientes."

"¿Cómo respondió la gente a tener un motor Chevy en su Oldsmobile?"

"La gente estaba furiosa. Sentían que su carro había sido degradado."

"¿Qué hizo Murphy?"

"Le envió a algunas personas US\$ 200. A otras US\$ 400."

"Todavía estaba pensando como contable."

"Pero espera, esto empeora. Luego decidió que GM abandone su tradicional incremento anual de precio cuando sacaba los nuevos modelos y lo sustituyó con alzas de precios aleatorias varias veces al año. Algunas veces los incrementos de precio estaban en dos dígitos. Aquí es cuando nació el término "choque de la etiqueta engomada". El resultado final de todo este tratamiento borroso de las marcas fue que GM tuvo que cerrar Oldsmobile en el 2004 y Pontiac en el 2009. La cuota total de mercado de GM había caído a tan solo un 19.8%."

"Espera un segundo, Poobah. ¿Estás diciendo que GM cayó del 62.9% de cuota de mercado a tan solo un 19.8%? ¿De dónde sacaste esos números?"

"Googléalo."

Momentos después, el joven levantó la vista de su computadora. "Estás citando a Susan Helper, economista principal del Departamento de Comercio de los Estados Unidos y a Rebecca Henderson, una profesora de gerencia en Harvard."

"Yo no invento estas cosas, Sunshine."

"Lo siento por haber dudado de ti. Dame otro ejemplo de gente inteligente obteniendo resultados positivos a corto plazo, pero haciendo algo muy tonto."

"Ok, te comparto una memoria retrospectiva relacionada. Cuando me dieron la licencia de conducir y comencé a manejar mi primer carro, no se permitía que nadie fuera dueño de más de 12 estaciones AM de radio, 12 FM y 12 estaciones de TV; porque el gobierno no quería que nadie pudiera comprar todas las estaciones de transmisión y controlar las noticias. Pero en 1996 esa política fue derogada y Wall Street empezó a comprar compulsivamente. Inversionistas compraban 5 estaciones en una ciudad, despedían a 4 de los gerentes generales, 4 de los gerentes de ventas y reemplazaron lo que estaba personalizado para que sonara como local. Redujeron la nómina y las ganancias se dispararon."

"Eso simplemente me suena a eficiencia."

"Existen dos clases de eficiencia, Sunshine. La primera clase de eficiencia te ayuda a atender a tu cliente en la forma en la que él prefiere ser atendido. La segunda clase sólo hace que el producto sea un poco peor para que lo puedas vender un poco más barato o, peor aún, al mismo precio y obtener más ganancias. Estamos hablando de por qué la gente inteligente hace cosas tontas, ¿recuerdas?"

"Echarle agua a la sopa."

"En 1999 estas radios estaban obteniendo ganancias récord. Pero éstos tipos estaban reduciendo la operación al mínimo. Un locutor que está sentado en un estudio en Los Ángeles no se va a presentar en el concierto local o en la venta de carros en Cheyenne, Wyoming. O incluso en Charlotte o

Chicago. Y un vendedor que vende 5 estaciones de radio diferentes no tiene la misma pasión o confianza que el que representa a sólo una estación. En esa época, tu carro y tu estación de radio eran los mantos y las plumas de tu tribu. Cuando los carros y las estaciones de radio se volvieron homogéneas, la gente comenzó a tratarlas como los artículos básicos sin rostro en lo que se habían convertido."

"Pero algunas personas dirían que los carros importados mataron el negocio de los domésticos y que la Internet volvió obsoletas a la TV y a la radio."

"Esa misma gente diría que el Comodoro Vanderbilt construyó su fortuna de los trenes."

"Pero tú dijiste que la construyó a través de centrarse en el cliente."

"Mucha gente estaba quebrando en el negocio de los trenes, precisamente al mismo tiempo que Vanderbilt se convertía en uno de los hombres más ricos del mundo. El éxito no se determina por el negocio en el que estás, Sunshine. Se determina por cómo llevas tu negocio."

"¿En qué terminó lo de la radio?"

"El grupo más grande acumuló más de 1,200 estaciones de radio, 130 salas de conciertos, 770,000 vallas publicitarias, 41 estaciones de televisión y el negocio de gestión deportiva más grande de los Estados Unidos."

"¿Por qué se metieron a lugares para hacer conciertos y gerencia de deportes?"

"Supongo que fue por la atracción de las sinergias de hacer promociones cruzadas. Cuando controlas los medios, controlas las noticias, ¿recuerdas? La ilusión es que tendrás el poder de hacer estrellas y deshacerlas, poner reyes de títere y quitarlos."

"¿Y cómo les fue con eso?"

"En 1993 sus acciones abrieron a US$4.60 cada una. En enero del 2000,35 meses después de que el gobierno desregulase la propiedad de las emisoras, sus acciones llegaron hasta US$95.5 por acción. Parecía que la nave espacial se dirigía hacia las estrellas, pero realmente sólo era una compañía quemándose hasta las cenizas, aunque nadie se diera cuenta en su momento. Los inversionistas bailaban por las calles."

"¿Y cómo terminó?"

"Quince años más tarde, un insulso remanente de esa compañía tenía una deuda de US$21 mil millones y el 30 de marzo de ese año, sus acciones se vendían a US$1.01 cada una."

El joven habló bajo: "Sé cómo se siente eso."

El anciano no dijo nada.

El joven habló mientras tecleaba.

"UNO. No le eches más agua a la sopa. Es tonto hacer cosas que produzcan ganancias inmediatas cuando lo que estás haciendo no tiene en cuenta el mejor interés de los clientes.

DOS. No caigas en la trampa del pensamiento lineal sin umbral cuando veas los datos.

TRES. ¡Por el amor de Dios, no te comas el malvavisco!"

El joven subió la vista con una sonrisa amarga.

Luego de unos momentos de mirarse el uno al otro, el anciano dijo: "Jeff Bezos hizo las paces con el hecho que hacer lo correcto duele al principio, pero sabe que va a funcionar cada vez mejor a través del tiempo."

El joven dijo: "Hablamos de lo que hubiera sucedido en Kodak si Bezos hubiera sido su Director General, ¿cómo crees que se hubiera desempeñado en el negocio de los carros y de la radio?"

"Bezos hubiera utilizado la optimización continua, pero en una forma que fuera cliente céntrica. Sin echarle agua a la sopa. Su organización hubiera permanecido ágil y hubiera fomentado una cultura de innovación. Él habría elevado esos negocios a nuevas alturas y los hubiera hecho más estimados que nunca. Él hubiera visto más allá de los datos del desempeño de la compañía y mirado los datos que revelaban la realidad de los clientes. Jeff sabe que, sin importar que una compañía sea B2C (del negocio al consumidor) o B2B (negocio entre empresas), sus clientes tienen las expectativas fijadas mediante productos de rendimiento."

"¿Consideras que Bezos es único, Poobah?"

"No seas ridículo. Mucha gente brillante está construyendo compañías sobre esos cuatro pilares. Como ya lo dije, hasta un puesto de limonadas puede convertirse en una marca como Amazon.

"Dame algunos ejemplos."

"Ponte tus gafas de sol, Sunshine."

"¿Por qué?"

"Porque estás a punto de ser deslumbrado y maravillado."

Capítulo Seis — Optimización Continua

"Sunshine, cuando te preocupas por tus clientes, por tus empleados, por tus proveedores y por tus inversionistas; puedes construir una nave espacial mientras la vuelas."

"¿Preocuparse es el combustible que te permite volar?"

"Exactamente."

El joven emitió una inmediata definición: "La optimización continua es una consecuencia de preocuparse."

El viejo asintió con la cabeza: "Cuando de verdad te preocupas, nunca dejas de tratar de hacer mejor las cosas."

El joven buscó dentro del maletín de su laptop, sacó sus gafas de sol y se las puso: "Ahora, deslúmbrame."

El anciano se sentó en la silla opuesta a él. "Un tipo llamado Richard Kessler tenía una pequeña joyería en un pequeño centro comercial en una calle lateral en un pueblo que jamás has escuchado nombrar."

"Probemos."

"Menomonee Falls."

"Tienes razón, jamás lo había escuchado."

"Está al norte de Milwaukee."

"¿Cómo construyó Kessler su nave espacial?"

"Preocupándose."

"Ok, pero ¿cómo se preocupó él, específicamente?"

"Lo primero que hizo fue poner a sus joyas el precio real."

"¿Qué quieres decir con 'el precio real'?"

"Los joyeros usualmente ponen un precio inflado a sus diamantes para poder ofrecer descuentos y dejar que los clientes negocien. Pero Kessler creía que todos merecían el mejor precio que él pudiera darles, aún si no negociasen."

"Eso es ser cliente céntrico, pero sus márgenes de ganancias debieron ser demasiado bajos como para poder ofrecer descuentos."

"Nunca ha ofrecido un descuento. Nunca. Ni siquiera a sus amigos más cercanos. Todos obtienen el precio más bajo que le permite a él seguir con el negocio. No tienes que negociar. No tienes que esperar a que haya rebajas."

"Apuesto a que los clientes les encanta eso."

"Sí, pero les encanta aún más su 'Milagrosa Garantía sin Trucos'." El joven esperó a que el anciano continuara.

"Todo en Kessler está garantizado de por vida y el mantenimiento es gratis. Aún si pierdes el diamante central, Kessler lo reemplaza. Se hacen completamente responsables de todo lo que venden. Para siempre."

"Vaya. Eso es ser verdaderamente cliente céntrico."

"Kessler les da a sus nuevos empleados 8 semanas de entrenamiento antes de permitirles atender a un cliente. Luego, el Día de Graduación, les dice: 'Cuando le estén hablando a un cliente y haya que tomar una decisión, tómenla. El precio es el precio, pero los clientes van a pedir mil cosas más. A veces van a pedir algo pequeño y en otras algo imposible. Ustedes son la compañía. No lo consulten con nadie. Ustedes no son un intermediario. Sólo tomen una decisión. Averigüen cómo hacer feliz a su cliente."

"¿Sus empleados siempre toman las decisiones correctas?"

"Claro que no. Y Richard lo sabe. La última parte del discurso que les da es ésta: 'De cada diez decisiones que tomen, va a haber una que hubiese deseado un poco diferente. Pero estoy feliz de pagar el precio con tal de tener las otras nueve decisiones que ustedes van a tomar.'"

"¿Verdaderamente se pone a merced de sus empleados?"

El anciano se rio. "Recuerdo que una vez, luego de abrir su segunda joyería, en el lado sur de Milwaukee, su gente le dijo: "Richard, nos gustaría arreglar el baño para hacerlo más acogedor, como el tipo de baño que tiene la gente en su propia casa.' Richard dijo: '¡Suena genial! ¡Háganlo! Le dijeron: 'Danos un presupuesto.' Él dijo: 'No. No hay presupuesto. Si tienen dudas, hagan lo correcto.'"

El joven sonrió antes del remate del chiste. "¿Y cómo resultó al final?"

"Unos días más tarde, Richard llegó a ver lo que habían hecho. Era fabuloso. Yo lo he visto. Papel tapiz, una alfombra, cuadros, candelas, un espejo para maquillarse. Verdaderamente bonito."

"¿Lo has visto? ¿Conoces a este tipo?"

"Hemos sido amigos desde antes que tú nacieras."

"¿Cuánto dinero gastaron?"

"Cuatrocientos dólares."

El joven levanta las gafas y torce los ojos. "¿Un tipo deja que su gente se gaste US$400 en un baño? No necesito gafas de sol para eso."

El anciano continuó. "Justo antes que arreglaran ese baño en la tienda del sur, la tienda del norte en Menomonee Falls se mudó del pequeño centro comercial a un edificio independiente, que había sido un banco. Ladrillos rojos, columnas coloniales, jardín grande, paisaje agradable…"

El joven hizo como que bostezaba y como que se estaba quedando dormido.

"Cuando escucharon lo que había hecho el equipo del sur, uno del staff de Menomonee Falls dijo: 'Richard, quisiera poner unas luces y otras decoraciones para hacer que la joyería verdaderamente luzca espectacular para Navidad.' Y Richard, por supuesto, le dijo: 'Hazlo.'"

"¿Y?"

"Varias semanas más tarde Richard llegó a trabajar y parecía que había llegado el circo al pueblo. Había un trailer de 18 ruedas en su parqueo con 10 tipos colgando luces de Navidad, camiones grúas y escaleras con 6 tipos poniendo un gran trineo lleno de regalos; y equipos de 2 cargando 8 renos a escala real. Y apenas habían comenzado a descargar el camión."

El joven comenzó a reírse y dio un golpe sobre la mesa. "Eso debió servirle de lección."

"Richard sabía que, si reaccionaba de la manera incorrecta, iba a destruir la valentía y la confianza de su gente."

"¿Y qué hizo?"

"Entró a la joyería, tomó una taza de café, fue a su oficina en el sótano y comenzó a trabajar, igual que siempre."

"¿¡En serio!?

"Sí. Richard dice que habría estado trabajando unas 2 horas cuando un joven bajó y le preguntó si tenía un momento para salir. '¡Claro que sí!', dijo. '¡Veamos qué es lo que están haciendo!' Su joven asociado lo llevó afuera, le dio una vuelta por la tienda y le explicó cómo se iba a ver todo cuando estuviese terminado. Después de un momento, Richard preguntó casualmente: '¿Cuánto estamos gastando en todo esto?' Y el joven le contestó: 'Como US$36 mil.'"

El joven se quitó las gafas de sol, se le cayó la quijada y se le arquearon las cejas hasta el tope de su frente.

El anciano dijo: "Sí. Y esto era cuando US$36 mil era mucho más dinero de lo que es ahora."

"Poobah, no estoy deslumbrado. Estoy completamente estupefacto."

"Vuelve a ponerte las gafas de sol, Sunshine. Ahora es cuando se pone deslumbrante. Richard dice que es el dinero mejor gastado de su vida."

"¿Qué?"

"Todas las estaciones de televisión de Milwaukee mandaron reporteros con equipos de camarógrafos a Diamantes Kessler, para mostrar la interminable fila de carros que desfilaban cada noche frente a la joyería. El periódico publicó un artículo destacado sobre la exhibición y el alcalde le dio a Diamantes Kessler un Premio al Embellecimiento de la Ciudad. Richard dice que tomó menos de 24 horas en generar ingresos suficientes para cubrir los gastos. Meter a toda la familia al carro y pasar frente a Diamantes Kessler se convirtió en Milwaukee en una tradición navideña."

"Pero no siempre resultan así las cosas."

"No, pero las ganancias grandes pagan de sobra las pérdidas."

"Bezos dice algo parecido." El joven bajó la vista hacia su laptop. "Aquí está. 'Los retornos gigantescos muchas veces vienen de apostar en contra de la sabiduría convencional y la sabiduría convencional usualmente es correcta. Teniendo un 10% de posibilidades de obtener un retorno del 100%, deberías siempre tomar esa apuesta. Pero vas a estar equivocado nueve de cada diez veces. Todos sabemos que si le apuntas a la barda, vas a poncharte muchas veces, pero también vas a anotar varios jonrones. La diferencia entre el béisbol y los negocios, sin embargo, es que aquel tiene una distribución de resultados truncada. Cuando bateas, no importa qué tan bien conectes con la pelota, el número máximo de carreras que puedes obtener son cuatro. En los negocios, de vez en cuando, cuando te paras sobre el plato, puedes anotar 1,000 carreras. Esta larga distribución de resultados es la razón por la cual es importante ser audaz. Los grandes ganadores pagan por tantos experimentos…'"

El anciano sorbió su café y asintió. "Kessler no sólo es cliente céntrico, tiene agilidad corporativa y una cultura de innovación."

El joven dijo: "¿Conoces a otros Kesslers?"

"Claro. Hay un Ramsey's en Nueva Orleans, Shreve en San Francisco, Reis-Nichols en Indianápolis, Barnes en Amarillo, Occasions en Midland, Miner's North en Traverse City, Shiffman's en Greensboro…"

"¿Carolina del Norte?"

"Sí y justo después de Charlotte está Dewey Jenkins. Pero él no tiene un negocio sexy como las joyas."

"¿Qué hace Dewey?"

"Hace lo que sea para que el cliente sonría y diga buenas cosas acerca de su compañía. Lo que sea."

"Quiero decir, ¿cuál es su negocio?"

"Aire acondicionado y calefacción."

El joven se quitó las gafas de sol y sonrió una sonrisa torcida. "No veo muchas posibilidades de ser deslumbrado."

"Te dije que te prepararas para quedar maravillado."

El joven se volvió a poner las gafas de sol y el anciano continuó hablando: "La joya de la corona de Charlotte es el Hospital Para Niños Levine. Es como una Clínica Mayo para niños. Muchas de las celebridades más reconocidas de los Estados Unidos lo apoyan y Ryan Seacrest construyó un estudio en el lobby. ¿Así que, a quién crees que le pidió el hospital que fuera su portavoz?"

"¿Seacrest?"

"Dewey Jenkins."

"¿El tipo de los aires acondicionados?"

"Un año, los padres de la ciudad le pidieron que fuera al frente del desfile en el Día del Trabajo y llegó una multitud récord para saludar a Dewey y darle la mano."

"¿El tipo de los aires acondicionados?"

"La gente llama a las estaciones de TV en Charlotte preguntando cuándo va a salir al aire el próximo anuncio de Dewey. No lo estoy inventando."

"¿Cómo se volvió tan famoso?"

El viejo dijo: "UNO. Cliente Céntrico. DOS. Optimización Continua. TRES. Cultura de Innovación. CUATRO. Agilidad Corporativa."

"Los Cuatro Pilares de Amazon."

El anciano asintió con la cabeza. El joven dijo: "Sigue hablando."

"¿Sabes qué es lo que más odian los clientes de las compañías de servicios de reparaciones domésticas?" El joven gruñó y luego dijo: "Quedarse en la casa todo el día esperando que llegue el técnico."

"Los técnicos de servicio de Morris-Jenkis llegan cuando te es más conveniente a ti. Aceptan llamadas de servicio hasta la medianoche, 7 días a la semana, sin cobros extra por trabajar de noche y fines de semana.."

"¿Mismos precios?"

El anciano asintió. "¿Sabes qué es lo que más odian los técnicos de servicio?"

El joven sacudió la cabeza.

"Escribir la factura del servicio con todos los números de las piezas y sus precios. Es tedioso."

"El papeleo usualmente lo es."

"Y luego tienen que volver a aprovisionar sus camiones al final del día, cuando lo que realmente quieren hacer es ir a casa a jugar con sus hijos."

"Es difícil ser adulto", dijo el joven.

"Lo único peor que tener que aprovisionar tu camión al final del día es buscar la pieza que necesitas sólo para descubrir que esa es la que olvidaste reaprovisionar."

El joven frunció el ceño. "Entonces tienes que manejar todo el camino de regreso hasta el almacén mientras el cliente se queda sentado esperándote."

"Dewey hace que su personal de almacén ponga código de barras a cada pieza y cuando un técnico de servicio la saca del camión, simplemente la escanea con un lector de barras. Luego al final del trabajo, su iPad automáticamente genera una factura detallada con los números de las piezas y sus precios. Presto, zip y bingo. Y mientras la factura es impresa, el personal del almacén es notificado de lo que se sacó del camión, así ellos colocan las piezas en la gran cubeta de plástico que le corresponde al mismo."

"Cuando el técnico de servicio regresa al almacén al final del día, ¿lo único que tiene que hacer es recoger la cubeta y volver a aprovisionar su camión?"

"No. El técnico se sube a su carro y se va a su casa. El equipo del almacén aprovisiona al camión. Sin interrupciones. Sin esfuerzo. Elegante. Sin movimientos desperdiciados. Optimización continua."

El joven dijo: "Puedo ver cómo es que Dewey mantiene felices a sus empleados, pero dijiste que él 'hace lo que sea para hacer feliz al cliente. Lo que sea'."

"¿Cuál crees que es el problema más grande del negocio de aires acondicionados?"

"No tengo idea."

"Cuando estás instalando un equipo nuevo, los clientes frecuentemente recuerdan algo que les dijo un perito de otra compañía y te preguntan si tenías planeado hacerlo."

"¿Pero eso no era parte de tu cotización?"

"No. Es algo que prometió otra compañía, a la que no contrataron."

"Puedo imaginarme que eso podría ponerte en apuros."

"No en Morris-Jenkins. Él entrena a sus técnicos de servicio igual que los consultores de diamantes en Kessler."

"¿Están entrenados para hacer felices a los clientes?"

El anciano asintió con la cabeza en una forma exagerada.

"¿Qué pasa si un cliente dice: 'Hey, no se suponía que tenía que sacar a pasear a mi perro, pintar la barda trasera y hacerme la cena'?"

"Un técnico de Morris-Jenkins diría: '¿Dónde está el perro, de qué color le gustaría la barda y qué quiere cenar?'"

El joven se rio.

"Y sus anuncios de televisión son muy interesantes," dijo el anciano.

Cuando el joven terminó de reírse, se quedó sentado en silencio viendo fijamente la mesa.

"Construir un negocio sobre los Cuatro Pilares de Amazon es sencillo, pero no es fácil," dijo el anciano.

"Warren Buffet dijo lo mismo acerca del mercado de valores."

"Ganar dinero con acciones es muy sencillo; compra barato, vende caro," el viejo se sonrió.

"Sí. Sencillo, pero no fácil. Saber algo no es lo mismo que hacerlo."

El anciano se inclinó hacia delante y extendió su índice hacia el joven. "Saber algo no es lo mismo que hacerlo. Escribe eso y ponle la fecha de hoy. Quiero que siempre recuerdes lo que acabas de decir."

El joven ladeó la cabeza. "¿Por qué le das tanta importancia?"

"El mundo está lleno de estúpidos intelectuales. Los has conocido. Pueden planificar, planificar, planificar y hablar, hablar, hablar hasta el cansancio, pero cuando se trata de hacer algo, hacer que algo suceda, no tienen el caballaje suficiente para levantar a un niño gordo del inodoro."

Los dos comenzaron a reírse. Sonó un pedo como un disparo de rifle. Entonces ninguno podía respirar y lloriqueaban. El anciano se levantó, salió, miró hacia arriba y se rio con el cielo mientras le regresaba la compostura. El barista y la mesera de la ventana los miraron con sorpresa desde detrás del mostrador, mientras el joven se reía con la cara contra la mesa.

Cuando el anciano volvió a entrar, el joven estaba sentado en la mesa con las gafas de sol puestas. Con la barbilla al aire y los brazos cruzados: "Deslúmbrame con puestos de limonada voladores, Poobah."

Capítulo Siete — Puestos De Limonada Voladores

"Hace unas décadas, un tipo llamado Doug Spence decidió mostrar, en vitrinas abiertas, sin candado; todos los tipos de anillos de compromiso del mundo. Y no sólo cualquier tipo de anillos, sino todos los tamaños y formas de piedras centrales en cada uno de esos estilos. Estamos hablando de miles de anillos al aire. Los clientes podían simplemente entrar, tomar un anillo, ver el precio y probárselo."

El joven preguntó: "¿Cuánto tiempo les tomó?"

"¿A quiénes?"

"Al personal de seguridad."

"¿Qué?"

"A los vigilantes del manicomio. Luego que Doug Spence se escapó, ¿cuánto tiempo les tomó volver a capturarlo?"

El anciano se rio. "Suena a una locura, lo sé."

"¿Cuál es el valor de la mercancía que Doug tenía en exhibición?"

"Ciento once millones de dólares si todos esos anillos se hubieran sido hechos de diamantes y oro."

"¿Estaba vendiendo imitaciones?"

"No. Spence vende anillos de compromiso de diamantes de la misma calidad que comprarías en una joyería en la Quinta Avenida."

"Ahora estoy confundido."

"¿Ya te estás acostumbrando a estarlo?"

"Casi."

El anciano continuó. "La meta de Doug Spence era darles a sus clientes calidad de Quinta Avenida, pero a un precio que la gente común pudiera pagar. Los anillos que puso en demostración eran prototipos de diseñador. Pero los prototipos no fueron lo que pusieron a Spence en el podio de la medalla de oro en las Olimpiadas."

"¿Doug participó en las Olimpiadas?"

"Es solo una metáfora. Los prototipos no fueron lo que le dieron un enorme éxito a Spence."

"Spence es enorme igual que Kessler?", preguntó el joven.

El anciano asintió. "Pero de forma diferente."

"¿Así que hay más de una forma cliente céntrica de manejar una joyería?"

"Hay más de una forma cliente céntrica de hacerlo todo, Sunshine."

"¿Entonces la idea de los prototipos no fue una gran innovación?"

"Fue grande, eso sí. Pero el éxito enorme requiere más que una simple innovación. Tienes que tener una cultura de innovación. Cientos de joyerías muestran prototipos, pero sólo algunas pueden competir con Spence."

"¿Por qué?"

"Sus prototipos de anillos de compromiso se los proveen los fabricantes a quienes les compran; el cliente escoge un anillo, el joyero lo manda a pedir al fabricante y luego le agrega su ganancia al precio."

"¿Y eso no es lo normal?"

"Claro. Es lo normal, pero no es la forma en la que lo hace Spence."

"¿Cómo lo hace?"

"Doug Spence vendió sus joyerías a un joven que trabajaba para él. Un chico llamado Sean Jones."

"Diamantes Spence obviamente es cliente céntrico y Doug lanzó una cultura de innovación, así que, ¿exactamente qué fue lo que agregó Sean Jones? ¿Cuál era su súper poder?"

"Agregó abracadabra."

"¿Optimización Continua y Agilidad Corporativa?"

"Exacto, Sunshine. Diamantes Spence crea los anillos de compromiso allí mismo contra la orden. No le pagan a alguien más para que fabrique el anillo y luego le suben el precio de venta. Traen a la existencia el anillo mismo. Las instalaciones para fabricar de Spence parecen un quirófano de un hospital. Sin una mancha. Inmaculadas. Prístinas."

"¿Eliminaron el sobreprecio de reventa?"

"Sí, pero no sólo eso. Eliminaron otras dos capas de costes junto con eso."

El joven arrugó la frente. "¿Qué otras capas hay?"

"Una: el costo inflado de los diamantes cortados correctamente."

"¿Pero, los diamantes no son una mercancía? ¿No paga todo el mundo más o menos lo mismo por ellos?"

"Más o menos, Sunshine, más o menos. Pero que no te engañen. La belleza de un diamante no depende de su color o claridad. La belleza de un diamante se determina por su corte."

"¿Estás diciendo que Spence contrata a sus propios maestros cortadores de diamantes?"

"No, no es eso."

El joven se sonrió. "Definitivamente me estoy acostumbrando a este sentimiento de confusión."

"Cada cortador de diamantes sabe perfectamente bien cómo cortar un diamante, pero la mayoría de diamantes están cortados para brillar poco."

"¿Por qué demonios haría eso un cortador de diamantes?", preguntó el joven.

"Porque los diamantes se venden por peso, Sunshine."

"¿Peso en quilates?"

El anciano asintió una vez mientras continuaba: "¿Si te diera un cubo de dos centímetros y medio de oro puro de 24 quilates y un cuchillo especial para tallarlo en cualquier forma bella que quisieras, pero que todo lo que le quitaras se perdería para siempre, cuál forma crees que sería la más bella?"

El joven estaba sonriendo: "Poobah, nunca he visto una forma tan bella como un cubo de dos centímetros y medio."

"Ese cubo de dos centímetros y medio valdría US$21,000 al precio récord para el oro puro. Pero una sola onza de diamantes de un quilate — a un valor promedio de tan solo US$6,000 cada uno — vale más de US$850,000. Así que ahora eres un cortador de diamantes. ¿Cuál es tu forma favorita ahora? ¿Cuánto le quieres quitar a ese cristal en bruto de diamante?"

"Voy a cortar el diamante lo más cerca a la forma del cristal original como pueda", contestó el joven.

"La mayor parte de diamantes en bruto no se prestan a ser cortados de forma eficiente" dijo el anciano.

"Es por eso por lo que los cortadores de diamantes los hacen demasiado altos y les dan una espesa capa. Les incrementa el peso, pero hace que las facetas no se alineen bien y así, el brillo del diamante se opaca para siempre."

"¿Entonces dónde encuentra Spence diamantes cortados de forma correcta?", preguntó el joven.

"En las mismas casas de cortadores de diamantes que el resto."

"Tenías razón, Poobah. La confusión está comenzando a sentirse como algo natural en mí."

"Pero Spence no paga más por diamantes cortados correctamente como las tiendas de la Quinta Avenida. Los consigue a precios bajísimos."

Los ojos del joven se volvieron muy pequeños mientras preguntaba: "¿Cómo?"

"Estacionando a un hombre a la puerta de cada casa de los cortadores al final del día con efectivo en la mano."

"¿La mayor parte de joyerías piden financiamiento?"

"Exacto", respondió el anciano.

"¿Y apuesto a que la mayoría de joyerías pide que les lleven los diamantes para ser evaluados?"

"Abra", dijo el anciano.

"Cadabra", susurró el joven. "Spence puede escoger primero los diamantes a mejores precios, porque están allí y están pagando en efectivo."

El viejo dijo: "Sean Jones hizo de Spence una compañía cliente céntrica con una cultura de innovación que emplea optimización continua con agilidad corporativa."

El joven dijo: "Puedo ver cómo Spence evita tener que pagar los costos de inventario de los cortadores de diamantes, pero dijiste que también eliminan una tercera capa de costos."

El anciano asintió. "Spence eliminó el costo de financiar un inventario."

"Fabricando contra orden", dijo el joven.

El anciano dijo: "La joyería promedio rota un inventario de varios millones de dólares una vez y media o dos veces al año."

"Es una pésima rotación de inventario."

"Pero la última vez que hablé con Sean Jones, el modelo de inventario-bajo-demanda les daba una rotación de 27 veces. Operan con un suministro de oro de 2 semanas y un suministro de diamantes de 2 semanas."

"¿Compran diamantes todos los días?"

"Compran diamantes todos los días", hizo eco el anciano. "Simple, pero no sencillo." Luego miró fijamente al joven a los ojos como si estuviera tratando de hipnotizarlo o de leerle la mente: "Toma tu inspiración de donde sea que la encuentres, Sunshine, sin importar qué tan ridícula sea."

"¿Cuándo es ridícula la inspiración?", preguntó el joven.

El anciano dijo: "Un niño pequeño llamando Brian Scudamore le rogó a su mamá para que le comprara cereal Lucky Charms. ¿Te recuerdas de los anuncios de TV con el duende?"

"¡Es mágicamente delicioso!"

"Las películas favoritas de Brian eran Willie Wonka, Peter Pan y Doctor Doolittle."

"¿Doolittle era el que podía hablar con los animales?"

El anciano asintió mientras continuó, "Scudamore se inspiró en la forma en que Wonka, Pan y Doolittle podían siempre hacer felices a las personas. A donde fuera que fueran, todo brillaba y destellaba con polvo de hadas y la gente podía reír y volar y parecía que había magia sin esfuerzo."

"¿Estás diciendo que este niño Scudamore construyó un negocio inspirado en un cereal 'mágicamente delicioso'?"

"Toma tu inspiración de donde sea que la encuentres, Sunshine, sin importar qué tan ridícula sea." El joven dio un suspiro exagerado y dijo: "Ahora TENGO que escuchar esto."

"Scudamore abandonó la escuela y a los 18 estaba haciendo cola para comprar una hamburguesa en el autoservicio de McDonald's. Justo enfrente de él había una camioneta llena de basura y pintada a los costados con pintura de aerosol se leían las palabras 'Transporte de Chatarra' junto a un número de teléfono. Scudamore vio la camioneta y dijo: 'Yo podría hacer eso'."

"Y ESO es un puesto de limonadas", se rio el joven.

"Podrías pensarlo", contestó el viejo, "pero cuando conocí por primera vez a Brian Scudamore, 1-800-TIENES-CHATARRA estaba ganando aproximadamente US$25,000,000 al año."

El joven escupió café por toda la mesa. La mesera de la ventanilla de servicio se acercó corriendo con una esponja y una toalla para limpiar. El viejo sonrió una enorme sonrisa y dijo: "Gracias."

El joven, con cara avergonzada, dijo: "No quería hacer eso. ¡Pero US$25,000,000 al año!"

La mesera regresó de prisa a su puesto mientras el anciano dijo: "Oh, eso fue hace un tiempo atrás. Desde ese entonces, Brian abrió 3 nuevas franquicias y está aproximándose felizmente a los mil millones de dólares al año."

El joven puso la frente sobre la mesa, los brazos colgando inertes a los costados. "Mil millones de dólares al año... Mil millones de dólares al año... Mil millones de dólares al año." Luego, levantando la mirada, preguntó:" ¿Cómo lo hace?"

"Brian Scudamore decidió que su servicio completo de extracción de chatarra daría una experiencia mágica."

"¿Como el duende del cereal?"

"Sí", dijo el anciano, "como Wonka, Pan y Doolittle."

"¿Y cómo lo hace?"

"Se parece mucho a Disney World", dijo el anciano. "Sus empleados siempre están con buen aspecto y feliz y buscan la oportunidad de deleitar a los clientes. Dicen: 'Sólo necesitan señalar'."

"¿Y la chatarra desaparece?"

"Por arte de magia. Y trabajan hasta la media noche, 7 días a la semana y todas las llamadas las responde un equipo magnífico de duendes telefónicos que trabajan desde una única ubicación."

"Estás describiendo el taller de Santa."

"La experiencia del cliente es la única cosa que le importa a Scudamore", dijo el anciano.

"¿Dijiste que había abierto 3 nuevas franquicias?"

"La Barraca Brillante TM hace que tu casa destelle."

"¿Destelle?"

"Limpian las ventanas y lavan las paredes exteriores, banquetas, terrazas y entrada a presión. Sus fotos de 'antes' y 'después' te convencen de que la magia es real."

"¿Qué más?"

"WOW, PINTADA EN UN DÍA."

"Déjame adivinar… ¿Se aparecen en tu casa en la mañana y para cuando regresas del trabajo, toda tu casa está pintada de afuera y adentro en la combinación de colores que quieras?"

El anciano simplemente sonrió y dijo: "Estás comenzando a entender, Sunshine. Y luego está 'Tú Me Mueves' TM la compañía mágica de mudanzas de Scudamore."

"¿Se aparecen en la mañana y cuando te sientas a cenar esa noche, ya estás completamente mudado a tu nuevo hogar?"

"Sin esfuerzo. Sin problemas. Feliz. Como por arte de magia."

El joven sacudió lentamente la cabeza y dijo: "Su tecnología y entrenamientos deben ser sorprendentes."

"El anciano dijo: "ser cliente céntrico, cultura de innovación, optimización continua y agilidad corporativa."

"Pero lo que me deja sin palabras es ¿ dónde encuentra a su gente? ¿Cómo sabe si un potencial franquiciado da la talla?"

"Ya se volvió casi imposible comprar una franquicia", dijo el anciano. Scudamore prefiere promover desde adentro."

"¿Promueve que sus empleados sean propietarios?"

"Scudamore ha hecho docenas de multimillonarios."

"Eso es magia de verdad, hasta para un duende", dijo el joven.

"Brian contrata a una persona para que administre una de sus compañías y si hacen un trabajo mágico, les arma una franquicia propia. Sus anuncios de reclutamiento dicen: 'No estamos buscando socios de franquicias con dinero en el bolsillo. Estamos buscando socios con felicidad en sus rostros, determinación en sus corazones y atención a los detalles en sus ojos'."

"Conoces a mucha gente interesante, Poobah."

"Y tú eres una de ellas, Sunshine"

El joven dijo: "Sean Jones y Scudamore saben cómo hacer que sucedan cosas grandes de forma rápida, pero no en una forma que funciona cada vez menos con el transcurso del tiempo. Su agilidad corporativa y la optimización continua hace que sus innovaciones cliente céntricas funcionen cada vez mejor con el transcurso del tiempo."

"Los peces grandes no se comen a los peces pequeños, Sunshine. Los peces rápidos se comen a los lentos."

El joven asintió lentamente mientras sus ojos desenfocados miraban fijamente a la distancia. Unos momentos más tarde murmuró suavemente: "Mira más allá de los datos acerca del desempeño de la compañía y ve los datos que revelan la realidad del cliente."

El anciano terminó su café y luego se sirvió la mitad del café de Sunshine en su taza. Después de haber terminado ése, dijo: "¿Sunshine, entiendes el principio de un volante?"

Capítulo Ocho - Cultura De Innovación

El joven arqueó las cejas y asintió: "Claro, yo sé cómo funciona un volante."

El anciano continuó: "Los Cuatro Pilares de Amazon se aceleran el uno al otro para crear una especie de volante que da vueltas cada vez más rápido con cada innovación, cada optimización y cada movimiento hacia una mayor centralidad del cliente. Pero tienes que ser ágil o no vas a poder mantenerlo en movimiento."

"¿Qué hace que las compañías no sean ágiles?"

"Burocracia, arrogancia y miedo de cometer un error. Si tan sólo uno de esos se logra colar, ya no tendrás agilidad corporativa."

El joven dijo: "Leí que Bezos le pagó a Jim Collins para participar en el retiro ejecutivo de Amazon del 2001 justo antes que saliera publicado su libro 'De Bueno a Grandioso'. Collins le dijo al equipo de Amazon: 'Imagínense una rueda volante enorme y pesada — un gran disco de metal de aproximadamente 15 metros de diámetro y medio metro de ancho, montada horizontalmente sobre un eje. Su trabajo es hacer que esa rueda volante gire y mantenerla dando vueltas lo más rápido posible. Es difícil al principio, pero si no se dan por vencidos, muy pronto van a tener esa rueda volante girando cada vez más rápido, aun cuando la propulsión no sea mayor que al inicio. Cada vez que la giren, se construye sobre todos sus esfuerzos anteriores. El impulso que toma una rueda volante es algo maravilloso de contemplar'."

El anciano dijo: "Una persona arrogante nunca le hubiese pedido consejos frente a su equipo. Bezos es enfocado e intenso, pero nunca ha sido arrogante."

"Mientras Collins hablaba sobre la rueda volante, Bezos dijo: 'Los precios bajos conducen a más visitas de los clientes. Más visitas de los clientes incrementan el volumen de las ventas y atraen más vendedores terciarios que pagan comisiones. Esto nos permite sacarle más provecho a nuestros costos fijos, como los centros logísticos y los servidores que operan el sitio web. Esta mayor eficiencia nos permite fijar precios más bajos, lo que genera más visitas de los clientes…'"

"Jeff Bezos se apoderó de esa rueda volante y le ha estado optimizando para que gire cada vez más rápido."

"Parece ser muy simple," dijo el joven.

"Simple, pero no fácil", respondió el anciano. "¿Sunshine, sabes cuál creo que es la innovación más grande de Jeff Bezos?"

El joven hizo un gesto con las palmas de sus manos.

"Bezos insiste en que cada idea le sea presentada por escrito en un documento de muy pocas páginas. Él dice: 'Escribir tus ideas en frases y párrafos completos, te fuerza a pensar con una claridad más profunda'."

"¿Tú crees que eso es una innovación?", preguntó el joven. "Eso me suena completamente retro."

"¿Alguna vez te he contado sobre mi amigo, Don Kuhl?"

"Te lo he escuchado mencionar. Creo que incluso lo conocí alguna vez. ¿Él es el tipo del cambio de comportamiento, ¿verdad?"

"Sí. Don está muy involucrado en la investigación basada en la evidencia. Alguna de su gente hasta escribió protocolos utilizados por psiquiatras cuando internan a pacientes en el hospital."

"En otras palabras, no es un filósofo sino un científico."

"Exacto. Don inventó una cosa llamada diario interactivo, que ha demostrado ser muy efectivo para la rehabilitación de adictos y criminales. Cuando se trata de cambios de comportamiento, no hay nada parecido."

"¿Cómo funciona?"

"Básicamente, a las personas en cárceles, prisiones y centros de rehabilitación se les da un diario que contiene unos cuantos hechos con los que es fácil estar de acuerdo, seguido por preguntas interesantes y líneas en blanco en las que pueden escribir sus respuestas a las preguntas. A estas personas se les dice que no tienen que entregar estos diarios. Ni siquiera tienen que llenarlos si no quieren."

"¿La mayoría los llena?"

"Sí. No hay mucho más qué hacer cuando estás encerrado."

"¿Y realmente no tienen que entregarlos?"

"Realmente no tienen que hacerlo."

"¿Entonces cómo saben que están funcionando?"

"Millones de personas han entregado voluntariamente sus diarios porque querían que alguien lea lo que escribieron. No es inusual que una persona tenga una epifanía que les cambie la vida durante el tiempo que contemplaron sus respuestas a las preguntas del diario."

"¿En serio?"

"Tu mente se va a un lugar diferente cuando escribes que cuando hablas. Hay una soledad al escribir. Un nivel de introspección que no experimentamos cuando hablamos."

"¿Así que explicar una idea por escrito realmente es la mejor forma de refinarla?"

"Sunshine, ¿alguna vez has escuchado hablar del Profesor Steven Pinker?"

"No creo."

"La revista TIME lo incluyó en su lista de 'Las 100 Personas Más Influyentes del Mundo'."

"Abracadabra."

"Pinker fue el jefe del departamento de Ciencias del Cerebro y Cognitivas en el MIT durante varios años y luego se lo llevó Harvard para encabezar su propio departamento. Ha escrito un montón de libros que te podrían interesar."

El joven abrió su buscador en amazon.com. "Dime cuáles son." "Comienza con El Instinto del Lenguaje."

"Lo tengo. Steven Pinker. ¿Qué más?"

"Su nuevo libro es sobre escribir. Se llama El Sentido del Estilo."

"El Sentido del Estilo: La Guía de la Persona Pensante en el Siglo XXI. Lo tengo. ¿Algo más?"

"Suficiente por ahora", dijo el anciano.

El joven bajó la mirada hacia la pantalla. Un minuto más tarde, dijo: "¿Sabías que en todo momento, desde el 2004, Amazon ha estado llevando a cabo por lo menos 200 experimentos al mismo tiempo?"

"Sí, Sunshine, sí lo sabía."

"Este es Bezos: 'Un área donde creo que somos especialmente distintos es en el fracaso. Creo que estamos en el mejor lugar del mundo para fracasar (¡tenemos suficiente práctica!) y el fracaso y la invención son compañeros inseparables. Para inventar tienes que experimentar, pero si ya sabes de antemano que va a funcionar, no es un experimento. La mayor parte de las grandes organizaciones abrazan la idea de hacer un descubrimiento, pero no están dispuestas a sobrellevar los sucesivos intentos fallidos necesarios para alcanzarlo'."

El anciano se sirvió la otra mitad del café de Sunshine en su propia taza mientras el joven continuaba leyendo: "Bezos dice: 'Si duplicas el número de experimentos que haces al año, vas a duplicar tu ingenio. Algunas decisiones tienen consecuencias irreversibles, o casi irreversibles; son puertas de un solo sentido. Estas decisiones deben ser tomadas en forma metódica, con cuidado, lentamente, con mucha deliberación y asesoría. Si cruzas el umbral de esta puerta y no te gusta lo que está al otro lado no es posible retornar adonde te encontrabas anteriormente. A éstas las llamamos decisiones Tipo 1. Pero la mayor parte de decisiones no son así, pues son cambiables y reversibles; son puertas que abren en ambos sentidos. Si has tomado una decisión Tipo 2 subóptima, no tienes que vivir con las consecuencias por tanto tiempo. Puedes volver a abrir la puerta y regresar por ella. Las decisiones Tipo 2 deberían ser tomadas rápidamente por individuos de buen juicio o grupos pequeños. A medida que las organizaciones crecen, parece haber una mayor tendencia a poner en práctica el robusto proceso utilizado en la toma de decisiones Tipo 1 para la mayoría de decisiones, incluyendo muchas del Tipo 2. El resultado final de esto es lentitud, aversión al riesgo a causa de la irreflexión, no llevar a cabo la suficiente cantidad de experimentos y, por consiguiente, una menor cantidad de inventos."

El anciano dijo: "Se necesita valentía para tener una Cultura de Innovación."

Sin levantar la vista, el joven continuó leyendo en voz alta: "Timothy B. Lee escribe: 'Jeff Bezos ha sido un fanático de dejar a los equipos operar en forma independiente unos de otros. No importa qué tecnología manejen', escribió un ingeniero que trabajó para la compañía en el 2011. 'Bezos ha desaconsejado explícitamente el tipo de estandarización que encuentras en compañías como Google y Apple, alentando a los equipos a operar en forma independiente, utilizando la tecnología que tenga más sentido… Amazon es una organización modular con un mínimo de políticas generalizadas. Eso ha hecho que la cultura interna de Amazon sea un poco caótica. Un ingeniero de un proyecto de Amazon no puede acceder fácilmente otro proyecto de la misma manera que lo hacen en Google o Apple. La fricción entre equipos con diferentes culturas puede explicar el por qué algunas personas encuentran que Amazon es un lugar de trabajo estresante. Pero esta cultura caótica también favorece la innovación. Un equipo nuevo puede utilizar las herramientas y procesos que tienen el mayor sentido, en vez de sentir presión para adaptarse a los estándares generalizados de la compañía'."

"¿Quién dijiste que había escrito eso?"

"Timothy B. Lee de vox.com, 28 de diciembre del 2016."

"¿Qué más dice?"

El joven volvió a leer en voz alta: "Un factor clave para hacer que esto funcione es que los experimentos comienzan pequeños y crecen con el paso del tiempo… Amazon no invierte mucho tiempo en hacer pruebas internas. Priorizan un lanzamiento precoz encima de cualquier otra cosa. Lanzar un 'producto mínimamente viable' temprano le permite a Amazon aprender tan pronto como sea posible si una idea que parece buena sobre el papel realmente es buena en el mundo real."

"En otras palabras, Listos. Apunten. Fuego."

El joven dijo: "En la Marina, a eso se le llama 'encontrar tu rango'."

"En el mundo de los negocios, se llama Agilidad Corporativa en una Cultura de Innovación."

"Otro gran acierto innovador en la rueda volante de Amazon sucedió en el 2008", dijo el joven.

"¿Oh?"

"Bezos dijo: 'Creo que todos hemos experimentado la frustración que ocurre, a veces, cuando tratas de sacar un juguete o aparato eléctrico de su empaque,' por lo que anunció la Iniciativa de Empaque Libre de Frustración de Amazon. Además, a hacer los paquetes más fáciles de abrir, un objetivo fundamental de la iniciativa era ser respetuoso con el medio ambiente utilizando menos material."

"También podemos asumir que menos material de empaque cuesta menos dinero", dijo el anciano.

"Lo que le permite a Amazon reducir aún más sus precios."

"Lo que acelera las ventas", dijo el anciano.

"Y esa rueda volante solo gira cada vez más rápido", dijo el joven. "En el 2016, Amazon se convirtió en la compañía que más rápido alcanzó los US$100 mil millones en ventas anuales." Luego de un momento de pausa, continuó: "Dos mil millones de dólares a la semana."

"Dos mil millones a la semana", se sonrió el anciano.

Capítulo Nueve — Agilidad Corporativa

"Poobah, me parece que ser Cliente Céntrico, tener una Cultura de Innovación y hacer una Optimización Continua sería imposible de administrar si no se tiene Agilidad Corporativa. Una compañía tiene que ser ágil y rápida."

"Los peces grandes no se comen a los peces pequeños", dijo el anciano. "Los peces rápidos se comen a los lentos."

El anciano dijo: "Hace no muchos años, si parabas a alguien en la calle y le preguntabas '¿Quién es el principal vendedor de libros en los Estados Unidos?' su respuesta hubiera sido 'Barnes and Noble'. Pero a principios del 2017 Amazon no sólo había rebasado como un asteroide a Barnes and Noble, sino que su valor de mercado era mayor al de Barnes and Noble, Best Buy, Target, Macy's, Kohl's, Sears, JCPenney, Dillard's, Gap y Nordstrom, combinados."

"¿Le estás atribuyendo esto a la Agilidad Corporativa?"

"Absolutamente", dijo el anciano. "¿Has oído hablar sobre la regla de dos pizzas de Bezos?"

"No permite que ningún equipo sea más grande que los que puedan comer con dos pizzas."

El anciano dijo: "Cuando tu gente tiene datos confiables relacionados con la realidad del cliente y una mayor transparencia relacionada a su misión y propósito, puedes darle autoridad a equipos pequeños y ágiles. Bezos ha descubierto cómo combinar la cultura empresarial de una compañía pequeña con los recursos financieros de una grande. Eso le permite a Amazon abordar y resolver problemas que otras compañías grandes no parecen poder abrazar del todo."

El joven dijo: "Puedo ver cómo un puesto de limonadas podría mercadearse como Amazon, ¿qué detiene a otras compañías grandes de construir sobre esos mismos cuatro pilares?"

El anciano contestó:

"UNO: El enfoque en la Organización les impide ser Cliente Céntricos.

DOS: La aversión al Riesgo y mantener el status quo les impide tener una Optimización Continua.

TRES: Enfoque en la Competencia, observar a los líderes de la industria, les impide tener una Cultura de Innovación.

CUATRO: Responsabilidad Mal Ubicada, la necesidad de echar la culpa, les impide tener Agilidad Corporativa."

"Pero hace un minuto me dijiste que la burocracia, la arrogancia y el miedo a cometer un error les impide a las compañías ser ágiles."

"¿Qué es la burocracia sino un Enfoque en la Organización? ¿No lleva la arrogancia siempre a la Responsabilidad Mal Ubicada? ¿Qué es la Aversión al Riesgo sino el miedo a cometer un error?"

La cara del joven se tornó seria. "Es el miedo lo que hace que las compañías tengan un Enfoque en la Competencia, Poobah. El miedo."

Los ojos del anciano crecieron y su boca se convirtió en una línea delgada y recta. Se inclinó sobre la mesa y le hizo señas al joven para que se inclinara hacia él. Dijo: "Lo que la mayoría de Directores Ejecutivos necesitan hacer es contratar a una anciana para que les teja un par de huevos de pascua."

El joven comenzó a reírse, pero luego vio que el anciano no estaba sonriendo.

El anciano se inclinó hacia atrás en su silla. "Existe otra compañía grande en los Estados Unidos que es igual de buena que Amazon."

El joven arqueó las cejas: "Por favor, cuéntame, Poobah."

"Costco es otra compañía grande construida sobre los cuatro pilares. Accede a Fortune.com y busca un artículo sobre ella en diciembre del 2016."

"La encontré", dijo el joven. Y luego comenzó a leer: "Si crees que Costco debería estar emulando a Amazon, considera esto: la compañía de Jeff Bezos ha adoptado el modelo de membrecía de Costco con Amazon Prime, como me lo hizo ver un analista, en vez de que Costco adoptara el modelo de comercio electrónico de Amazon." Un momento después, volvió a leer: "Costco es un coloso de las ventas al por menor. Sus ventas mundiales superan a las de Walmart, que tiene 11,258 tiendas comparadas contra las 715 de Costco y Amazon, que acaba de escalar al segundo lugar. Costco es el mayor vendedor del mundo de cortes de carne de primera calidad, comida orgánica, pollos rostizados, vino y vende más nueces y frutos secos que Planters. Su marca privada, Kirkland Signature, que vende de todo, desde bebidas hasta productos envasados y ropa, genera más ganancias que Coca-Cola."

"Con tan solo 715 tiendas comparadas con las 11,528 de Walmart…" el anciano hizo una pausa para dejar que eso se asentara. "Sunshine, No hay nadie en Costco que necesite que una anciana les teja nada."

El joven volvió a leer: "Pero Costco, aun siendo tan grande, se enorgullece de no ser una típica compañía multimillonaria. Ahí es donde entra la cultura. Los ejecutivos frecuentemente contestan sus propios teléfonos. 'Puedo recibir una llamada de una cajera', admite el Director Ejecutivo, Jelinek, 'que se queja que no se le están dando suficientes horas laborales'."

"El preocuparse y la humildad llevan a la Agilidad Corporativa."

El joven levantó la vista y trabó su mirada con la del viejo. Luego la bajó y continuó leyendo: "Costco es una organización 'lean'. Los gastos generales básicos, los que caben en las categorías de venta, generales y administrativos, llegan a tan sólo el 10% de sus ingresos, comparado, por ejemplo, con aproximadamente el 20% de Walmart."

El anciano dijo: "Y Costco les paga a sus empleados un promedio de US$20.89 la hora, comparado con el salario promedio del Walmart de US$11.83."

El joven continuó: "Entre las eficiencias de Costco está el hecho que no se publicita; tiene una selección limitada, tan sólo

3,700 productos comparado con 140,000 de un hipermercado Walmart y quinientos millones en Amazon."

Viendo su pantalla, el joven leyó en silencio durante un momento. Luego levantó la vista y dijo: "Jim Sinegal era un estudiante universitario de 18 años cuando se convirtió en el protegido de un tipo llamado Sol Price quien, durante la Gran Depresión, vio a mucha gente estafada por mercaderes sin escrúpulos. Sol Price le enseñó a Sinegal su Regla Dorada de Negocios: Haz siempre lo correcto."

"¿Dónde hemos escuchado eso antes, Sunshine?"

El joven levantó la mirada y dijo: "Richard Kessler" y luego continuó. "En 1983 Jim Sinegal y Jeffrey Brotman decidieron abrir un almacén que venda al descuento. Pero no la concibieron como una compañía. Lo consideraron una misión, una mejor forma de hacer negocios. 'Haz lo correcto' todavía es el mantra de la compañía y los empleados de Costco la definen dignamente. La gente que trabaja en Costco dice que lo escucha cada día."

El viejo preguntó: "¿El artículo en Fortune describe cómo Sinegal y Brotman definieron: una 'mejor forma de hacer negocios'?"

El joven vio hacia su pantalla otra vez: "Significa nunca tratar de estafar a los proveedores, a los clientes o a los empleados. Significa aceptar los errores y enmendarlos sin ser forzado a hacerlo o dar excusas. Tener una política de devolución sin restricciones, aún y cuando sepan que algunos clientes abusan de ella. Poobah, dicen que cuando Costco descubrió que una camisa que habían anunciado como 100% de seda, no era verdaderamente de seda, contactaron a cada uno de los compradores y les devolvieron su dinero."

"¿A qué se parece eso, Sunshine?"

"Eso se parece a Julius Rosenwald y Sears antes de que se la quedaran los Comensales de Malvaviscos."

El anciano dijo: "Costco es una compañía que mira más allá de los datos acerca del comportamiento de la compañía. Obviamente están viendo los datos que revelan la realidad de sus clientes."

El joven miró su pantalla una vez más. Cuando levantó otra vez la vista, sus ojos estaban grandes y redondos. "Aquí dice que los ejecutivos de Costco ocasionalmente invocan a Sears como un ejemplo admonitorio de una compañía que una vez fue grande y luego perdió su sentido de identidad. Jim Sinegal dice: 'La cultura no es lo más importante. Es lo único'."

Capítulo Diez — ¿Cómo Comenzar Con El Por Qué?

"Sunshine, accede a ted.com y busca la transcripción del discurso de Simon Sinek 'Cómo Los Grandes Líderes Inspiran la Acción'."

"¿Su famoso discurso de TED-X en Puget Sound?"

"Ése mismo."

"Me encanta ese tipo."

"A mí también", se sonrió el anciano. Luego miró al joven y dijo: "Tú tienes un negocio. Tú crees en tu compañía. Tú crees que puedes dar una mejor experiencia que tu competencia."

El joven asintió con la cabeza.

"¿Tu confianza está basada en tus intenciones, tus metas, tus valores y tu compromiso personal con la felicidad del cliente?"

El joven se mostró ligeramente confuso, pero no contestó. El anciano continuó: "Nos juzgamos a nosotros mismos por nuestras intenciones, pero los clientes nos juzgan por nuestras acciones. Juzgarte a ti mismo por tus intenciones no es un peligro entre amigos, porque un amigo conoce tu corazón. Pero es un verdadero peligro en los negocios. ¿Qué sucede cuando un cliente potencial entra en contacto con tu compañía? ¿Se encuentra con tu mejor empleado en su mejor día? Por supuesto que no. Se encuentra con un empleado promedio en un día promedio. O, peor aún, se encuentra con un empleado por debajo de la media en un día por debajo de la media. Luego sientes confusión al ver las reseñas negativas."

El joven quedó perplejo y luego preocupado.

El anciano continuó: "Triste, ¿verdad? Tus intenciones y motivaciones y compromisos personales nunca llegan a la fiesta."

"No sé qué decir, Poobah."

El anciano se sonrió. "¿No sería genial si tus empleados estuvieran entregando en forma consistente la experiencia en que tú crees?"

El joven se inclinó hacia adelante. "Dime cómo hacer para que esto suceda."

"Echa un vistazo a la transcripción de ese discurso TED."

"No me vas a decir que "Comience con él por qué", ¿verdad?"

"No, te voy a decir como en realidad hacer aquello que Simon está diciendo."

"Traté de "comenzar con por qué", Poobah, pero pronto se convirtió difuso y genérico."

"La clave es tomar lo que está en tu corazón, las más elevadas y brillantes de tus buenas intenciones; y generar esas intenciones y motivaciones en lo más profundo de los corazones de tus empleados. Frances Frei, el más querido de los profesores de la Escuela de Negocios de Harvard, dice: 'No puedes cambiar el desempeño de una persona hasta que cambies sus creencias'. Mi amigo Don Kuhl está de acuerdo con eso. Escucha atentamente a lo que dice Simon Sinek: 'La gente no compra lo que haces, ellos compran porqué lo haces. Lo que haces es un reflejo de tus creencias. De hecho, la gente hará aquello en lo que cree'."

"Recuerdo a Simon Sinek decir eso", dijo el joven, "pero me centré en las palabras "por qué". ¿Estás sugiriendo que me debí haber enfocado en la palabra Creer?"

"Tú y el resto del mundo", dijo el anciano. "Ahora, dale un vistazo a esa transcripción. Cuenta cuántas veces Simon Sinek dice Creer justo después de hablar de por qué."

Después de un momento, el joven dijo: "Aquí hay una. En el minuto 4, Sinek dice: 'Así es como Apple se comunica. 'En todo lo que hacemos, creemos desafiar al status quo. Creemos en pensar en modo diferente'. Y a los 5 minutos y medio, dice: 'La gente no compra lo que haces; compran el por qué lo haces. La meta no es hacer negocios con todo el mundo que necesita lo que tienes. La meta es hacer negocios con la gente que cree en lo que tú crees'. ¿Por qué nunca había visto esto antes, Poobah?"

"Sigue leyendo."

Un momento después: "A los 7 minutos y medio, dice: 'La meta no sólo es venderle a la gente que necesita lo que tienes; la meta es venderle a la gente que tiene las mismas creencias que tú. La meta no sólo es contratar gente que necesita un empleo; es contratar gente que comparte las mismas creencias que tú. Yo siempre dije que si contratas gente sólo porque pueden hacer el trabajo, van a trabajar por tu dinero, pero que sí tiene creencias afines, van a trabajar para ti con sangre y sudor y lágrimas…' Wow. Aquí hay otra, justo antes de los 11 minutos: 'La gente no compra lo que haces; compra el por qué lo haces. Si hablas sobre las cosas en las que crees, vas a atraer a aquellos que creen en lo que tú crees'."

El joven levantó la vista de su laptop. "Ok, Poobah. Estoy convencido."

"Ahora mira justo después de los 15 minutos; cuando comienza a hablar acerca de Martin Luther King."

"Aquí está. Hablando sobre el Dr. King, él dice: 'Él siempre compartía sus creencias con los demás. 'Yo creo, yo creo, yo creo', le decía a la gente. La gente que creyó en lo que él lo hizo porque adoptó su causa, la convirtió en propia y se lo dijo a la gente'."

"Sunshine", dijo el anciano, "Vas a encontrar tu 'Por qué' corporativo cuando escribas 10 enunciados verdaderos que comience cada uno con un 'Nosotros creemos…' ¿Recuerdas a Dewey Jenkins?"

"¿El tipo de los aires acondicionados en Charlotte?"

"Goettl es otra compañía de aires acondicionados que es igualmente querida."

"¿Dónde?"

"Arizona y Nevada."

"Esto es lo que Ken Goodrich dice acerca de su compañía, Goettl:

Nosotros creemos en llegar a tiempo.

Nosotros creemos en hacer las cosas del modo correcto, no del modo más fácil.

Nosotros creemos en "super-sellar" los ductos de aire, porque nadie necesita aire acondicionado en su ático.

Nosotros creemos en eliminar cada chirrido, traqueteo y zumbido, porque si no se hace, traerá problemas peores.

Nosotros creemos que el aire acondicionado debería ser silencioso.

Nosotros creemos en reemplazar cada tornillo - hasta los que dejaron fuera otras personas - para apretar la unidad y dejarla como nueva.

Instalamos todo a nivel, recto y a escuadra, porque esa es la firma de un técnico superior.

Nosotros creemos que cada cliente se merece nuestro mejor trabajo."

El anciano continuó:

"Jean Hunt y sus socios administran Ski Cellar Snowboard en Calgary:

Nosotros creemos en ayudar a la gente a encontrar exactamente lo que está buscando.

Nosotros creemos que su tiempo es valioso.

Nosotros creemos que los productos de baja calidad nunca son de buen valor.

Nosotros creemos en devolverte tu dinero cuando algo no está bien y no podemos repararlo.

Nosotros creemos que las colinas son más divertidas cuando tu equipo está encerado y afinado.

Nosotros creemos que no tienes que pasar frío en el invierno.

Nosotros creemos que tienes un niño interno que quiere jugar en la nieve.

Nosotros creemos que estar al aire libre es bueno para ti.

Nosotros creemos en colinas resbaladizas y en la gravedad.

Nosotros creemos que serías más feliz si jugaras más.

Nosotros creemos en dejarte permutar tus cosas cuando ya no te sirven.

Nosotros creemos que cualquiera puede aprender a esquiar. Incluso tú.

Y nosotros creemos que naciste para hacer snowboard.

Sunshine, ¿has oído de DigitalMarketer.com?"

"Por supuesto, Ryan Deiss."

"Este es el 'Nosotros Creemos' de Ryan:

Nosotros creemos que debería ganar el mejor producto, no el mejor mercadólogo.

Nosotros creemos que no deberíamos enseñar nada hasta que lo hayamos probado nosotros.

Nosotros creemos que el pecado más grande en mercadeo es ser aburrido.

Nosotros creemos que la teoría es para impostores.

Nosotros creemos en compartir y hasta celebrar nuestros fracasos.

Nosotros creemos que no son fanfarrias si es cierto.

Nosotros creemos que nada sucede hasta que se vende algo.

Nosotros creemos en tomar decisiones y asumir la responsabilidad por los resultados.

Nosotros creemos que deberías tener por lo menos una buena carcajada todos los días.

Nosotros creemos en la igualdad de condiciones, para que aquéllos a los que verdaderamente les importa, puedan ganar.

Y, a propósito de 'importarte un bledo'…

Nosotros creemos que importarte un bledo es esencial para el éxito pero que, lamentablemente, no puede ser aprendido.

Nosotros creemos que el ornitorrinco es una muestra que Dios tiene sentido del humor.

Nosotros creemos que no necesitas aplastar a tu competencia para tener éxito.

Nosotros creemos que las mujeres, por lo general, son más inteligentes que los varones y trabajan más.

Nosotros creemos que está bien que se nos demuestre que estamos equivocados.

Nosotros creemos que está bien cambiar de opinión.

Nosotros creemos que está bien llorar cuando estás teniendo un día verdaderamente desagradable.

Nosotros creemos que las mejores ideas muchas veces vienen de los lugares menos esperados.

Nosotros creemos que Google a veces hace el mal.

Nosotros creemos en brindar soluciones graduales. NO datos sin interpretaciones.

Y hablando de 'datos sin interpretaciones'…

Nosotros creemos que son para cobardes.

Nosotros creemos que no son útiles.

Nosotros creemos que son la principal fuente de mentiras lógicas en el mundo.

Y hablando de 'mentiras lógicas'…

Nosotros creemos que acaban en un lugar especial del infierno, junto con la gente que las populariza.

Nosotros creemos en decir 'lo siento' cuando nos equivocamos. Así como ahora, por ejemplo… lo sentimos por eso del 'lugar especial en el infierno'… eso tal vez fue demasiado severo.

Nosotros creemos en transmitir nuestros conocimientos.

Nosotros creemos que si tienes que depender de mentiras para vender, tu negocio no merece existir.

Nosotros creemos que es mejor pedir perdón que pedir permiso.

Nosotros creemos que nadie tiene todas las respuestas.

Nosotros creemos en hacer PRIMERO el trabajo duro.

Nosotros creemos que Kanye debería sonreír más. Y tú, también.

Nosotros creemos que el éxito y el fracaso son condiciones temporales.

Nosotros creemos que "cabezota" es una palabra.

Nosotros creemos que la información no tiene valor sin ejecución.

Nosotros creemos que a medias es mejor que nada.

Nosotros creemos que ser un pendejo debería ser un crimen.

Nosotros creemos que está bien decirle a alguien en público que es un pendejo, cuando está siendo un pendejo.

Nosotros creemos en darle el beneficio de la duda a todo el mundo.

Nosotros creemos que, si nos compras algo y no te queda bien, aún si es tu culpa, deberías recibir tu dinero de vuelta.

Nosotros creemos en decir siempre 'Gracias' y 'Por favor'… 'Señor' y 'Señora'.

Nosotros creemos que nunca, NUNCA, deberías dejar de aprender.

Nosotros creemos en saber lo que otros no saben y hacer lo que otros no harían.

Nosotros creemos que los negocios pequeños pueden cambiar el mundo.

Nosotros creemos que podemos ayudar a los negocios pequeños a crecer…

Por ende…

Nosotros creemos que podemos cambiar el mundo."

"¿Estás comenzando a entender, Sunshine?"

"Wow. Cuando escuchas las declaraciones Nosotros Creemos de las compañías, realmente sientes que conoces a los que las dirigen."

"Y si tus Nosotros Creemos están acelerados por tus Trozos Mercadeables, se crea una especie de rueda volante mercadológica que deja atrás cualquier otra cosa que puedas hacer."

"¿Trozos Mercadeables?"

"Los Trozos Mercadeables son frases memorables que puedan llegar a ser identificadas con tu compañía. Si las hay en tu publicidad y te aseguras que tu gente se las diga a tus clientes todos los días, los Trozos Mercadeables acelerarán tu cultura, amplificarán tu marca y te permitirán articular tus 'por qué' en cada contacto con el cliente. Las compañías más fuertes tienen entre 8 y 14 de ellas."

"Dame un ejemplo de Trozos Mercadeables y cómo funcionan con los Nosotros Creemos."

"Ok. Peoria, Illinois."

"¿Qué hay en Peoria?"

"Sherman's."

"¿Qué venden?"

"Aparatos eléctricos. Muebles."

"¿En Peoria compiten con Best Buy, Home Depot, Lowe's y Sears?"

"Por supuesto que sí."

"¿Conoces a este tipo Sherman?"

"Su nombre es Paul. Es mi amigo."

"Es difícil creer que está vendiendo sus aparatos eléctricos con los 'chicos grandes' al otro lado de la calle."

"Sunshine, Sherman's vende más aparatos eléctricos en Peoria que Best Buy, Home Depot, Lowe's y Sears combinados. Tiene una cultura empresarial tan viva que es eléctrica."

"¿Combinados?"

"Combinados", dijo el anciano. "Estos son los Nosotros Creemos de Sherman's:

Nosotros creemos en escuchar.

Nosotros creemos que deberías saber exactamente cuáles productos tienen los índices de devolución de defectuosos más bajos, las más altas calificaciones a nivel nacional y el mayor aval de los expertos.

Nosotros creemos en hacer exactamente lo que decimos.

Nosotros creemos en entregar los colchones y los aparatos mañana.

Nosotros creemos que deberíamos instalar y conectar cualquier componente electrónico que compres.

Nosotros creemos que nuestro equipo de reparación a domicilio debería estar capacitado para prestarle servicio y reparar cualquier aparato que vendamos.

Nosotros creemos que deberíamos estar dispuestos a llevarnos cualquier mueble o aparato que ya no necesites.

Nosotros creemos en tomarnos el tiempo para ayudarte a encontrar los muebles que buscas para tu hogar.

Nosotros creemos en ser amables, sí o sí.

Nosotros creemos que vas a estar feliz por haber escogido a Sherman's."

"Dijiste que me iba a dar algunos ejemplos de Trozos Mercadeables."

"Escucha cómo se refuerzan y adhieren a todos los Nosotros Creemos de Sherman's."

"¿Estas son las frases que van a ser usadas por el staff y en sus anuncios?"

"Así es", dijo el anciano. "Estos son algunos de los Trozos Mercadeables."

"Te escucho."

"Los retornos más bajos, las evaluaciones nacionales más altas y las recomendaciones profesionales más fuertes."

"Prometo que podemos hacer exactamente eso."

"Se lo podemos entregar mañana."

"Podemos instalar esto y conectarlo todo junto en su hogar."

"Nuestro equipo de reparación a domicilio le puede prestar servicio y reparar cualquier aparato que vendemos."

"Podemos llevarnos cualquier mueble o aparato que ya no necesite."

"La elección de los muebles adecuados para tu hogar toma tiempo."

"Tengo todo el tiempo que necesites."

"Me alegra realmente que digas eso."

"Quedarás satisfecho con haber escogido a Sherman"s."

"¿Dónde aprendiste acerca de los Pedazos Mercadeables y los Nosotros Creemos, Poobah?"

"En la Academia de Magos."

El joven comenzó a reírse.

El anciano dijo: "Créelo o no, es un lugar real y más viejo que los libros de Harry Potter. La Academia de Magos es donde empresarios, emprendedores y lunáticos afines como yo aprenden grandes cosas en poco tiempo y en un ambiente divertido."

"¿Grandes cosas en poco tiempo?"

"Cómo hacer crecer un negocio. La mayor parte de clases toman entre 2 y 3 días. La torre de la Academia se asienta sobre una meseta que se eleva 300 metros sobre Austin, Texas."

"Suena maravilloso."

"Creo que por fin estás listo para asistir. ¿Sabes esas historias que te he estado contando?"

"¿Hablas de Kessler y Dewey Jenkins o Brian Scudamore y Diamantes Spence y Don Kuhl?"

"Y Paul Sherman y Ryan Deiss y Goettle y Ski Cellar Snowboard y varios cientos de otras compañías pequeñas muy exitosas. Todas de las que hemos hablado hoy, salvo por la gente del Fortune 500, son graduados y patrocinadores de la Academia de Magos."

El joven se quedó mirando a su laptop.

El anciano se levantó hacia el mostrador y regresó con dos tazas de chocolate caliente. El joven dio un sorbo, sonrió y luego levantó la taza para brindar.

"Esto va por Nosotros Creemos y Trozos Mercadeables."

El anciano alzó su chocolate y dijo: "Que tu locura se quede de este lado de lo legal y que regreses a nosotros antes de haber tenido tiempo de extrañarte."

"¿Dónde escuchaste eso?", preguntó el joven.

"Es el brindis de despedida al final de cada clase que da el vicerrector de la Academia."

"¿Qué es, exactamente, lo que enseñan?"

"La mayoría de los currículos fueron creados haciéndole ingeniería inversa a las acciones exitosas de la gente talentosa."

"No entiendo."

"El talento es una competencia inconsciente, Sunshine. La gente talentosa sabe qué es lo correcto que debe hacer, pero usualmente le cuesta explicarlo. Pero si le haces ingeniería inversa a las acciones que los conducen a sus éxitos, puedes enseñar a la gente normal cómo alcanzar resultados similares."

"Así que, si el talento es competencia inconsciente, ¿cómo le llamamos a la competencia consciente?"

"Habilidad."

"¿Como los cuatro pilares de Amazon?"

"Y una larga lista de otras cosas también."

Capítulo Once — Cómo Construir El Boca-A-Boca

"¿Recuerdas esa vez que tú y Ray Bard me llevaron a almorzar a Green Pastures?"

"Vaya memoria la que tienes, Sunshine."

"Fue un día especial."

"¿Por qué?"

"Pues Ray es el editor de libros de negocios más exitoso de la historia. ¿Todavía batea más de 500?"

"Sí. Más de la mitad de sus libros se convierten en best sellers del New York Times y del Wall Street Journal."

"¿Eso lo ha hecho alguien más?"

"No hasta donde yo sepa. ¿Qué te hizo pensar en Ray Bard?"

"Estar sentados, hablando de grandes ideas. Creo que la última vez que lo hice fue ese día en Green Pastures. Me encantaría volver a hacer eso alguna vez."

"Voy a llamar a Ray para organizarlo."

"¿Recuerdas la pregunta que le hice, Poobah?"

"Claro que sí. Le preguntaste: '¿Qué tiene un best seller que no tienen otros libros?'"

"Jamás olvidé la respuesta."

"Escuchémosla."

"Él dijo: 'Los buenos libros de negocios tienen dos características. Los que se venden mucho tienen 3 y los best seller tienen 4."

"Es verdad que lo recuerdas."

El joven levantó un índice y dijo: "Uno. Una gran idea." Un segundo dedo se unió al primero. "Dos. Detalles e instrucciones. Explicaciones paso-a-paso de cómo hacerlo y ejemplos. Los buenos libros de negocios tienen estas 2 características." Ahora un tercer dedo. "Los que venden muchas copias tienen un número Tres. Entretenimiento."

El anciano dijo: "El entretenimiento es la moneda que compra la atención de un público demasiado ocupado."

El joven levantó cuatro dedos. "Cuatro: La característica que va a mandar tu nave espacial hacia las estrellas es la Esperanza."

"Sunshine, cuando una persona hace una compra, tiene la esperanza de obtener una transformación. Existe algo que ellos tienen la esperanza de transformar."

"Ryan Deiss dice eso."

"Yo sé," se sonrió el anciano. "¿De dónde crees que lo aprendí?"

El joven continuó: "Ray dice que un libro entrega Esperanza cuando hace que la gente sienta que la próxima vez va a ser mejor que la última vez, mañana va a ser mejor que ayer, el futuro va a ser mejor que el pasado."

"Sunshine, ¿ya lo descubriste?"

"¿Descubrir qué?"

"Esas no son tan sólo las 4 características de los libros de negocios exitosos. Esas son las 4 características de cada gran éxito."

El joven sonrió: "En verdad quiero tener ese próximo almuerzo con Ray, Poobah. No te olvides de organizarlo."

"Va a estar contento de que te estés conectando con la academia."

"¿Ray sabe de ese lugar?"

"Él fue el primer presidente de la Junta Directiva."

Los 4 dedos del joven se cayeron y sus cejas se arquearon. El viejo continuó hablando: "La publicidad es un impuesto que pagamos por no ser extraordinarios."

El joven se enfocó con mucho interés en lo que estaba diciendo el anciano. "Otro Ray — Ray Seggern — explica el cortejo a los clientes como la convergencia de Historia, Cultura y Experiencia. Según Seggern:

La Historia es lo que Dices: Es la personalidad y las promesas que pones en los mensajes de mercadeo y las interacciones con los clientes. Comienza con el Nosotros Creemos e incluye, entre otras cosas, todos tus Trozos Mercadeables.

La Cultura es Quién Eres: Es la experiencia que tienen tus empleados dentro de la compañía.

La Experiencia es lo Que Haces: Es lo que tus clientes perciben cuando interactúan con tu compañía.

La Autenticidad es lo que ocurre cuando tu historia y la experiencia de tus clientes se alinean. Cuando no lo hacen, llegan los malos comentarios.

El Buen Ánimo de los Empleados es lo que sucede cuando tu historia y tu cultura se alinean. Cuando no se alinean, tienes un cáncer en el edificio.

Los Embajadores de tu Marca nacen cuando la historia y la cultura y la experiencia se sincronizan. Esto es cuando los clientes felices se convierten en miembros de tu tribu, una extensión de tu marca. Nadie conoce esto mejor que Jeff Bezos."

"No me sorprende", dijo el joven.

"Bezos una vez les escribió a sus accionistas: 'Comienza con los clientes y trabaja hacia atrás. Escúchalos, pero no hagas sólo eso, también inventa en su parte. No podemos asegurarles que vamos a alcanzar todas las metas de este año. No lo hemos hecho en los últimos años. Sin embargo, les podemos asegurar que vamos a continuar estando obsesionados con nuestros clientes. Tenemos la fuerte convicción que ese enfoque, en el largo plazo, es tan bueno para los dueños como para los clientes.' Otra vez dijo: 'No creo que se pueda inventar en la parte de los clientes, salvo que uno esté dispuesto a pensar a largo plazo, porque muchos de los inventos no funcionan. Si uno va a inventar, quiere decir que uno va a experimentar, si lo hace va a fallar y si uno va a fallar, debe pensar a largo plazo'."

"Me estás diciendo por qué Amazon y Costco ya no hacen publicidad."

"Exacto."

Ambos hombres tomaron de su chocolate.

"Poobah, ¿qué desencadena el boca-a-boca?"

"El boca-a-boca se desencadena cuando un cliente experimenta algo que va más allá de sus expectativas."

"¿Estás hablando sobre el servicio al cliente?"

"No. Se espera el buen servicio. La gente habla del mal servicio. El excelente servicio al cliente lleva a su retención, su lealtad y genera una retroalimentación positiva, pero rara vez será la base para construir una publicidad basada en el boca-a-boca."

"Entonces, si no es el servicio al cliente, ¿qué es?"

"Las declaraciones físicas, no verbales, son lo que desencadenan el boca-a-boca."

"¿Declaraciones no verbales? Tienes razón Poobah. Ya me acostumbré por completo a este sentimiento de estar confundido."

"El principio de la invención, la génesis de la innovación, Sunshine, es cuando te fijas en algo inusual, una anomalía que te llama la atención. Isaac Asimov dijo: 'La frase que proclama los nuevos descubrimientos no es '¡Eureka!', sino 'Qué extraño eso…'."

"¿Estás diciendo que es bueno estar confundido?"

"Estoy diciendo que es esencial, Sunshine. Amazon ha llevado a cabo miles de experimentos para obtener una mayor comprensión de algo que desconocían. Algo los confundió un poco y decidieron darle un vistazo."

"¿Mantenerse confundido es esencial para tener una cultura de la innovación?"

"¿Sabes qué es lo que siempre se origina con la confusión, Sunshine?"

"¿Qué?"

"La curiosidad."

El joven sonrió: "Ya no me siento tan tonto."

"Si yo creyera que eres tonto, no te llamaría Sunshine."

"Me ibas a contar cómo las declaraciones físicas, no verbales, desencadenan el boca-a-boca."

"Las declaraciones no verbales pueden ser arquitectónicas, cinéticas o generosas; pero tienen que ir más allá de los límites de lo normal para desencadenar el boca-a-boca."

"¿Arquitectónicas?"

"Piensa en 'Diseño'. La gente se fija y habla cuando algo es visualmente interesante."

"Así que no sólo estamos hablando acerca de edificios."

"Sigue utilizando la palabra 'Diseño' si te suena mejor."

"¿Qué más?"

"Cinética."

"¿Puedo comprar una vocal?"

"El Desempeño. Puede ser el del producto o cualquier otro tipo de desempeño."

"¿Y la tercera?"

"La Generosidad."

"¿Entregar más de lo que se esperaba genera el boca-a-boca?"

"La generosidad es un gesto de amistad, Sunshine, una relación real. La generosidad dice: 'Realmente queremos que seas feliz.' ¿Quieres saber cómo hacen la mayoría de compañías para anular este gesto?"

"Ya no me siento confundido", dijo el joven mientras levantaba su barbilla y volteaba el perfil hacia el anciano. Luego, hablando como un aristócrata, dijo: "Pero tengo curiosidad. Por favor, continúa."

El anciano sonrió y le dio otro sorbo a su chocolate. "Las compañías destruyen lo que hubiera deleitado al cliente cuando se lo prometen en su publicidad."

"¿Estás diciendo que debería ser una sorpresa?"

"La sorpresa es el fundamento del deleite, Sunshine. Sin un elemento de sorpresa, no puede haberlo. Y el deleite desencadena el boca-a-boca. Así que siempre debes tener algo especial por debajo de la manga para que el cliente no lo vea venir."

"¿El boca-a-boca puede ser las tres cosas a la vez, arquitectónico, cinético y generoso?"

"Colgando sobre la orilla de la colina está asentada la Capilla Dulcinea, la famosa capilla de bodas gratuita de la Academia de Magos. Somos anfitriones de más de mil de bodas al año allí."

"¿Gratuita?"

"Nadie tiene que pagar."

"Puedo ver la parte generosa."

"No, todavía no puedes. Verás la parte generosa cuando llegues allí."

"Y si sobresale de la colina, supongo que puedes ver la parte arquitectónica." "Dieciocho luces de gas destellan un brillo dorado dentro de la capilla por las noches."

"¿Y cuál es la parte cinética, la parte del espectáculo?"

"La tradición en la Capilla Dulcinea es que los novios, inmediatamente después de decir 'Sí, acepto', atraviesen la puerta gótica antigua al final del campanario y tiren juntos la cuerda para anunciar su unión al mundo. Este 'tirar juntos' es un acto simbólico, ya que eso es lo que estarán haciendo de ahora en adelante. Y la campana es una campana de 200 años, de bronce, gigantesca con un tono profundo que sigue y sigue y sigue."

"Dulcinea… ¿ella no era el objeto amoroso del Don Quijote de la Mancha?"

"Ella era tan sólo una aldeana común llamada Aldonza Lozano, que no tenía nada especial. Pero en el libro de Cervantes, Don Quijote dice: 'Su nombre es Dulcinea; su patria, el Toboso, un lugar de la Mancha; su calidad por lo menos ha de ser de princesa, pues es reina y señora mía; su hermosura, sobrehumana, pues en ella se vienen a hacer verdaderos todos los imposibles'."

"El Quijote vio belleza en donde otras personas no."

"¿Y no es esa la característica que define a un empresario?"

Capítulo Doce — Leyendas De Compradores

"Poobah, alguna vez me dijiste que la mala publicidad habla sobre una compañía, un servicio o cualquier producto que ella vende."

"Sí y la buena publicidad habla acerca del cliente y cómo esa compañía, producto o servicio van a transformar alguna parte de su mundo."

"Y si me voy a enfocar en el cliente, ¿por dónde comienzo?"

"Para construir sobre los Pilares de Amazon, lo primero que necesitas darles forma a tus Leyendas de Compradores."

"¿Estás hablando de compradores legendarios?"

"No. Piensa en una leyenda en un mapa, la parte que te dice cómo se lo puede interpretar y entender."

"¿La leyenda es la llave?"

"Sí. Al igual que una llave abre una puerta y te da acceso a lo que hay adentro, una leyenda abre el mapa; es la clave para interpretar todos sus símbolos y datos."

"¿Y este mapa interpretado me va a decir cómo llegar a donde quiero ir?"

"Sunshine, las Leyendas de Compradores son cómo escribes tu propio manual de éxito. Es el primer paso para construir sobre los Cuatro Pilares de Amazon."

"Me gusta cómo suena eso."

"Tu manual de éxito aclara tus prioridades a todos, desde el salón del consejo hasta tu almacén. Lo mejor de todo son las motivaciones de tus grupos arquetípicos de clientes, los que forman las bases de tu plan de acción. Así es como haces que todos estén en la misma página."

El joven miró hacia el techo y se rio: "Todos en la misma página…" Un momento más tarde, bajo los ojos y dijo: "Suena demasiado bueno para ser cierto."

"Lo importante de recordar es que una Leyenda del Comprador no es ficción", dijo el anciano. "Es una herramienta sólida de negocios construida sobre el simple hecho que cualquier cosa que sea importante para tu éxito, debería ser medible y considerado responsable. Las Leyendas de Compradores son la manera en la cual trazas un sistema que mide todo lo que importa e ignora lo que no. Y no requieren nada más que un papel y pluma. Cualquiera puede tomar una pluma y escribir una narrativa."

"Enfoque. Unidad. Ser Medible. Tener Responsabilidad. Eso es mucho para esperar de un papel y una pluma."

"No se trata del papel y la pluma. Se trata de orquestar tus esfuerzos y conciliarlos con las necesidades de tus clientes. El objetivo es crearles experiencias rentables. Empiezas con las Leyendas de los Compradores porque todo negocio se trata sobre el cliente. Todo negocio."

"Ser Cliente Céntrico, el primero de los Cuatro Pilares," murmuró el joven por lo bajo mientras miraba fijamente la pantalla de su computadora.

"Ser Cliente Céntrico es siempre el empuje inicial a la rueda volante", dijo el anciano, "pero tu gente se va a avivar y sobreexcitar cuando vean cómo las Leyendas del Comprador crean oportunidades continuas para la Optimización Continua en una Cultura de Innovación. Pero nada de esto va a suceder si no tienes la Agilidad Corporativa para ejecutar las ideas generadas por el proceso. El ímpetu de tu rueda volante depende de que tu organización comparta una narrativa única y con movimiento hacia delante. Sus detalles tienen que estar claros para todo el equipo."

"Estás haciendo que eso suene transformador."

"Sunshine, el proceso de las Leyendas de Compradores transforma a una compañía, pues ayuda al equipo a contar historias desde la perspectiva de tus clientes. Es cómo empiezas un verdadero acercamiento a ser un negocio Cliente Céntrico. La clave es ver más allá de los datos del desempeño de la compañía y ver los datos que revelan la realidad del cliente."

"Dame un ejemplo."

"¿Un ejemplo de datos que revelan la realidad experimentada por el cliente?"

El joven asintió con la cabeza.

El anciano habló de inmediato: "¿Me puedes decir cuánto tiempo te toma encontrar los horarios de atención de tus tiendas?"

El joven negó con la cabeza.

"¿Sabes cuánto tiempo tardan en la caja?"

El joven bajó la mirada.

"¿Exactamente cuánto tiempo le toma a tu equipo devolver un mensaje telefónico?"

Viendo la mesa, el joven negó otra vez con la cabeza.

"Mírame, Sunshine."

Él subió la mirada.

El anciano ancló sus ojos en los del joven y dijo: "No puedes mejorar lo que no mides." Luego sus ojos comenzaron a brillar y sus cejas se dispararon hacia arriba junto con las comisuras de su boca. "Pero puedes medir estas cosas. Sí puedes recolectar estos datos puedes hacer las mejoras."

La sonrisa en incremento del anciano hizo que el joven se relajara. "Ya estoy convencido de las Leyendas de los Compradores, Poobah. ¿Por dónde empiezo?"

"Primero, tienes que identificar los grupos arquetípicos de tus clientes. Luego identificar todas las fallas que puedan experimentar en tu compañía, a través de un pre-mortem. La meta aquí es innovar con experiencias alternas mejoradas."

"¿Estamos creando un embudo de ventas?"

"No. El embudo de ventas es una metáfora defectuosa."

"¿Por qué?"

"Los embudos funcionan gracias a una fuerza invisible llamada gravedad. Pero no existe ninguna fuerza empujando a tu cliente a moverse a través de tu embudo de ventas."

"¿Entonces cómo lo logran las Leyendas de Compradores?"

"Las Leyendas de los Compradores emplean una fuerza invisible llamada Ímpetu Persuasivo."

"¿Ímpetu? ¿como el ímpetu de una rueda volante?"

"Es más que eso, pero sí."

"¿Qué más?"

"Las Leyendas de los Compradores utilizan la cronología inversa para construir el esquema de cada narrativa."

"¿Empezar por el final?"

"Sí. La meta es hacer que tu Héroe, el cliente, llegue a su Destino."

"¿Y cuál, exactamente, es su Destino?"

"Es el último paso medible, cuando el cliente se convierte en un contacto, una venta, llena una orden o un formulario; o ejecuta una tarea."

"¿Así que esto funciona para más que tan sólo el B2C?" preguntó el joven.

"Las Leyendas de Compradores pueden ser construidas para canales múltiples de B2C, B2B, comercio electrónico, cualquier cosa."

"Qué bien. Así que la meta es llevar al Héroe al Destino", dijo el joven. "Esta idea de cronología inversa me recuerda a cómo Bezos siempre comienza por el final; visualizando lo que se necesitaría para deleitar al cliente. Las Leyendas de Compradores parecen haber codificado este proceso. Enmarcan la historia hacia atrás; cuentan la narrativa hacia adelante. Pero Bezos también es conocido por desechar un documento si tiene una coma mal puesta. Lo hace porque si se pasa por encima un detalle, como una coma, ¿qué otros detalles pueden haber saltado el remitente? Se trata de ser cuidadoso y tener cuidado extremo."

"Y en una Leyenda de Vendedor", dijo el anciano, "el Héroe es el objeto de todo ese cuidado. Es por eso por lo que todas las historias tienen que ser contadas desde la perspectiva del Héroe. La verdad siempre trata acerca del Héroe y sus motivaciones, metas y frustraciones. No se trata acerca de ti y tu compañía. ¡La única historia que importa es la historia del Héroe! Nadie que no sea el Héroe te puede enseñar dónde y cómo mejorar la experiencia del cliente."

"Ok", dijo el joven, "entonces utilizamos la cronología inversa para mapear un esquema de cómo el Héroe llega al Destino. ¿Qué más está involucrado en la creación de una Leyenda del Comprador?"

"¿Estás listo para teclear algunas notas?" preguntó el anciano.

"¡Vamos!" dijo el joven mientras ponía los dedos sobre el teclado.

El anciano dijo: "Ten en cuenta que nuestro esquema de cronología inversa comienza con el Héroe llegando al Destino.

Ahora tenemos que descubrir cómo llegó allí. Aquí es donde se vuelve importante que entiendas la diferencia entre los datos Cuantitativos, que te dicen QUÉ es lo que están haciendo los clientes y los datos Cualitativos, que te revelan el PORQUE lo están haciendo."

"El joven preguntó ¿Por qué es tan importante utilizar la cronología inversa para crear esquemas de narrativas?".

"Porque evita imaginar cosas imposibles", dijo el anciano. "Cuando estás escribiendo hacia adelante, existe un número infinito de cosas que podrían suceder. Pero cuando estás investigando hacia atrás, es más un estilo forense. Sólo existe un número limitado de formas en las que una acción en particular puede haber sido escogida."

"¿Es por eso que utilizo un esquema de cronología inversa para crear la narrativa hacia delante de la travesía del Héroe hacia el Destino?"

"Exacto. De la exacta misma forma que Airbnb lo hizo con el Proyecto Blancanieves. Puedes hacerlo así o, aún más sencillo con tan sólo papel y pluma."

"¿Hay gente que me pueda ayudar a hacer esto?" preguntó el joven.

"Sí, pero no lo pueden hacer sin tu ayuda y la de toda tu gente clave."

"Así que tengo un Destino y tengo un Héroe. ¿Cuáles son las otras partes de una Leyenda del Comprador que me van a ayudar a crear el esquema de cronología inversa qué me va a revelar cómo nuestro Héroe llegó a su Destino?"

"¿Todavía estás listo para teclear?" preguntó el anciano.

"Exacto", respondió el joven.

"Estas son otras piezas de una Leyenda del Comprador:

Bifurcaciones en el camino. Son puntos de decisión en el camino del Héroe, en el que una necesidad o curiosidad específica puede desviarlo del trayecto ideal en su búsqueda de respuestas. Debido a que no ejercemos ningún poder para obligar al cliente a tomar el camino ideal, estar conscientes de que el Héroe puede "salirse del camino" se convierte en un elemento crucial, ya que nos permite planificar teniendo en cuenta estas bifurcaciones y construir desvíos que los lleven de regreso hacia el camino deseado.

Paso medible. Cualquier paso en el camino debe poder ser medido. Esto usualmente involucra analíticas, pero cualquier paso que da el Héroe deja atrás una evidencia. Los pasos medibles nos revelan en qué lugar de su viaje está el Héroe y cómo se puede optimizar su progreso.

Desvíos. Son vías que construimos como soluciones a las bifurcaciones en el camino. Los clientes rara vez toman el camino liso y recto de las ventas. Se alejan de él en búsqueda de respuestas a sus preocupaciones, de soluciones alternas o, a veces, por simple curiosidad. Pero cada vez que el Héroe se aleja del camino, existe el potencial que no llegue al Destino. Piensa en una Bifurcación en el Camino como el famoso 'cruce a la izquierda en Albuquerque' de Bugs Bunny. Los desvíos esperan al Héroe en cada bifurcación y lo guían de regreso al camino que lo lleva a su destino."

"Me fascina Bugs Bunny."

"A todos nos fascina Bugs Bunny, Sunshine. Sigue tecleando."

Señales de tránsito. Son puntos en el camino cruciales para completar la travesía del Héroe. Las señales de tránsito incluyen la información que, de no estar disponible, probablemente evitaría que el Héroe completara el viaje al Destino."

Primer Paso Medible. Es en el que el Héroe entra la porción medible de la travesía. Pueda ser cuando encuentra una página de aterrizaje por un anuncio, la página web principal, una sesión de chat, una llamada telefónica o visita una tienda Física.

Catalizador. Esto es lo que permite que tu Héroe identifique tu compañía, producto o servicio; como una solución potencial. El catalizador puede ser el boca-a-boca, la publicidad en línea, la publicidad exterior o ser el resultado de una campaña de RRPP. En teoría, un catalizador es un paso medible en el viaje del cliente por el camino pero, en la realidad, usualmente es más que solo una única cosa."

"Ok, Poobah", dijo el joven, "Si me tomo la molestia de hacer todo esto, ¿me estás diciendo que se va a transformar mi compañía?"

"Sí, pero recuerda: tu gente tiene que estar involucrada. Esto no es algo que puede hacer una persona a solas, en un cuarto cerrado."

"¿Y estás diciendo que es verdaderamente transformador?"

"Exacto", asintió el anciano.

"Exacto", susurró el joven.

Capítulo Final

"Poobah, dijiste que tenía que leer Sam Walton: Hecho en los Estados Unidos de John Huey y 'Nuts!: La loca receta de Southwest Airlines para los negocios y el éxito personal'. ¿Hay otros libros que deba leer?"

"Bueno, acabo de terminar un libro sobre dos tipos que se van de viaje en un carro. Nunca me enteré hacia dónde iban, lo que tenían planeado hacer, en lo que trabajaban o tan siquiera cuáles eran sus nombres. Pero me gustó."

"¿Me gustaría a mí?"

"Dame tu laptop y te pido una copia por Amazon." Treinta segundos después, el viejo anciano: "Va a estar en tu casa mañana. ¿Ya estás listo para ir a casa?"

"Déjame revisar un par de cosas." Dos minutos más tarde, el joven habló en voz baja: "No hiciste ninguna locura, ¿verdad?"

"¿Cómo qué?"

Mirando al viejo a los ojos, preguntó: "¿Compraste acciones de mi compañía?"

"Eso sería información privilegiada, Sunshine. Tú sabes que yo jamás haría eso."

"¿Le dijiste a alguno de tus amigos que compraran acciones?"

"Claro que no. La única cosa que he hecho desde que hemos estado juntos es compartir una foto tuya en Facebook."

"¿Sólo una foto? ¿Sin explicación?"

"Estabas mirando a tu computadora muy fijamente, perdido en tus pensamientos. Ni siquiera escribí una descripción."

El joven se desplomó hacia atrás en su silla y dio un gran suspiro de alivio. "Nuestras acciones comenzaron a subir de precio justo después que tú y yo nos sentamos en esta mesa." Miró de nuevo a la pantalla de la computadora, luego otra vez al anciano. "Creo que ya salí del pantano", se sonrió.

"Por supuesto que sí." El anciano caminó hacia la puerta y la mantuvo abierta. "¿Todavía crees que necesitas ese viaje por carretera?"

El joven recogió sus cosas y caminó sonriendo hacia la puerta.

"Llévame a casa, Poobah." Unos segundos después, su carro desapareció de la vista.

La chica de la ventanilla de servicio salió del mostrador para limpiar su mesa. El barista la siguió de cerca. "¿Qué es eso?" preguntó.

"Es un malvavisco gigante sobre un billete de veinte dólares." Ella le pasó el malvavisco y él se lo metió entero a la boca.

"¿Otra vez el anciano?"

"No, esta vez fue el joven."

"Verdaderamente creo que el anciano está loco."

Ella sonrió y dijo: "Siempre lo ha estado."

FIN

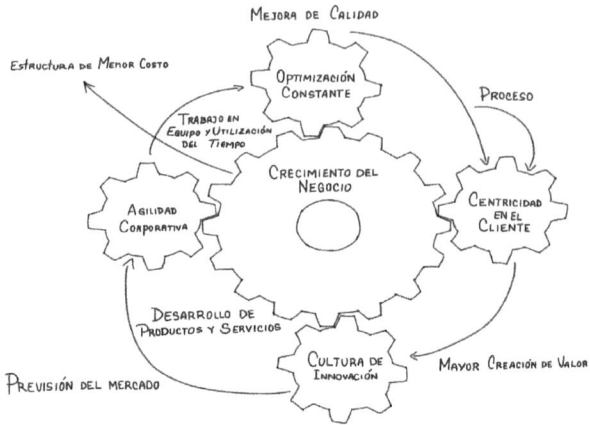

Mejora de Calidad

Estructura de Menor Costo

Optimización Constante

Proceso

Trabajo en Equipo y Utilización del Tiempo

Crecimiento del Negocio

Agilidad Corporativa

Centricidad en el Cliente

Desarrollo de Productos y Servicios

Cultura de Innovación

Mayor Creación de Valor

Previsión del mercado

Estimado lector,

Esperamos que hayas disfrutado Triunfar como Amazon: Hasta un Puesto de Limonada Puede Lograrlo. Nuestra esperanza es que te sirva de herramienta para crear tu propio manual de estrategia. Más allá de ello, deseamos que sea la piedra angular para alcanzar el éxito y hacer realidad tus sueños más osados.

Hemos visto a compañías utilizar los 4 Pilares de Éxito de Amazon para implementar rápidamente mejoras significativas y después pasar a hacer otras cosas. Sin embargo, las empresas que han continuado prosperando son aquellas que se comprometieron con el proceso a largo plazo. Son las mantuvieron el compromiso de aprovechar el poder de la narración de historias para comprender mejor al cliente y planificar óptimas experiencias del consumidor.

Desarrollar tu propio libro de estrategia para alcanzar el éxito requerirá esfuerzo. Nuestro proceso, más conocido como la 'Leyenda del Comprador', es simple, pero no fácil. Sus ingredientes básicos siempre son los mismos, independientemente del equipo de trabajo que lo implementa. Requiere bastante práctica y paciencia. ¡Pero puedes hacerlo!

Nuestros blogs (http://www.belikeamazon.com/blog) y (http://www.buyerlegends.com/blog) disponen de más contenido y guías paso a paso para ayudarte. Hasta he incluido una encuesta gratuita para tus colegas y clientes que te ayudarán a visualizar tu organización desde otra perspectiva. Accede a http://www.belikeamazon.com/fourpillars.

Durante cinco años, mi hermano, Bryan Eisenberg, y yo quisimos escribir un libro sobre cómo cualquiera podría adaptar los 4 Pilares de Éxito de Amazon a su negocio. Nuestro primer intento nos llevó a escribir "Buyer Legends: The Executive Storyteller's Guide". ¿Por qué publicamos un manual de instrucciones tan corto en vez del libro más ambicioso que originalmente nos propusimos? El tema era bastante amplio, así que decidimos ir directo al grano. Desde entonces, miles de compañías han implementado la Leyenda del Comprador. Pero, con frecuencia, carecieron de un contenido general para su aplicación en cualquier parte de su negocio, desde la sala del consejo hasta el almacén.

Hace unos meses atrás buscamos el asesoramiento de nuestro buen amigo y mentor Roy H. Williams. Pasamos un día entero mostrándole el contenido que queríamos incluir en el libro. Quisimos evitar la complejidad de nuestros libros anteriores, 'Waiting For Your Cat to Bark?', y el aspecto de libro de texto de 'Call To Action'. Si bien ambos se mantuvieron en la lista de bestsellers del New York Times, no eran fáciles ni divertidos de leer. Al finalizar el día se le había hecho evidente a Roy que, a pesar de nuestros mejores esfuerzos para simplificar y reducir su contenido, estábamos escribiendo otro libro.

Roy tenía otra visión para el libro. Podrás encontrar más información sobre lo que guía este enfoque en el Capítulo 11. Ofrece la respuesta a la pregunta: "Cuáles características posee un 'best-seller' que los demás libros carecen?" Roy nos aseguró que teníamos los elementos adecuados. Nos preguntó si teníamos confianza en él para escribir el libro. La teníamos.

Roy posee el don de la escritura. Dejó nuestros temas centrales íntegros. A través de la interpretación de la historia del viaje por carretera emprendido por Poobah y Sunshine, evitó sobrecargar la narrativa en los detalles que suele sofocar la literatura de no ficción. No lo hizo mediante una simple parábola. Lo hizo creando una divertida historia con un diálogo realista y un desarrollo de personajes que ni Bryan ni yo somos capaces de replicar.

Deseábamos que las ideas expuestas en el presente libro sean accesibles a todo empresario y ejecutivo. Basado en la retroalimentación que hemos obtenido hasta el momento, Roy nos ha ayudado a lograrlo. Este es nuestro primer libro en conjunto. No podríamos estar más orgullosos de este libro o más agradecidos con Roy.

Hay decenas de otras personas que influenciaron este libro. Hemos aprendido tanto de nuestros clientes, amigos, familiares y colegas. Agradecemos su apoyo, paciencia y sabiduría.

Por favor redacta tu propio libro de estrategia para alcanzar el éxito y llévalo a la práctica en tu negocio. Nos encantaría que experimentaras y luego compartas tus historias con nosotros. Pero, si crees que necesitas ayuda, no dudes en contactarnos. Quizá podamos ayudarte.

Saludos cordiales,

Jeffrey Eisenberg
jeffrey@buyerlegends.com

Es Difícil Leer La Etiqueta Mientras Se Encuentre Dentro Del Frasco

Los clientes llegan a tu negocio con un panorama más amplio que la visión que tenemos desde la silla en nuestro escritorio.

Ellos no siempre quieren que nosotros "solucionemos" su problema o le ayudemos a ahorrar dinero, aunque éstas podrían ser sus metas establecidas. Realmente, cada problema está en la búsqueda de una solución y lo barato no es garantía del éxito.

Nuestra perspectiva, dentro de la empresa, tiene un aspecto distinto. Pese a ello, cuando somos consumidores reconocemos que el valor intrínseco de una interacción es el deleite que sentimos en ella y no es meramente una satisfacción, nos emociona.

¡La vista desde nuestro escritorio o el salón de conferencias no es la misma perspectiva del cliente! Al él no le importa a cuál departamento estamos asignados, por cual canal somos responsables, incluso, lamentablemente, que tan duro lo tratemos.

Las buenas intenciones no son suficientes. ¿La confianza en su negocio está basada en sus intenciones, objetivos, valores y el compromiso personal con la felicidad de sus clientes?

Tal vez la perspectiva de su empresa sea distinta. Debe tener presente cuán difícil es leer la etiqueta mientras se esté dentro del frasco.

Por favor considera lo siguiente:

Cuando Bain & Company encuestó a 362 empresas, llegó a la conclusión que mientras el 80% creía que entregaba una "experiencia superior" a sus clientes, sólo el 8% de ellos dijo estar de acuerdo.

Esta "laguna" entre lo que dicen y lo que hacen existe porque los negocios no reconocen la importancia de sus clientes. Más del 95% del equipo de gestión encuestado dice estar enfocados en el cliente.

Bain halló dos razones por esta discrepancia.

1. "Paradójicamente, muchas de las estrategias de crecimiento son perjudiciales a la fidelidad del cliente. Por ejemplo, los esfuerzos para captar nuevos puede desviar la atención de la cartera principal de clientes."

2. "Establecer relaciones con los clientes es una tarea difícil. Entender lo que realmente quieren y cumplir nuestras promesas, mientras mantenemos con ellos un diálogo para detectar sus necesidades, siempre cambiantes, es desafiante."

Bain afirma que el 8% hace algo de modo diferente:

"Diseñan las propuestas adecuadas para los clientes idóneos. Entregan estas propuestas al más bajo costo del sistema. Desarrollan las capacidades institucionales para lograrlo una y otra vez. Cada uno de éstos refuerza al otro.

Juntos, ellos aseguran que la compañía sea continuamente dirigida por las voces de sus clientes."

¿Cómo clasifica su compañía según los 4 Pilares de Éxito de Amazon?

Buyer Legends LLC aprovecha la ocasión para ofrecerle una versión gratuita del 'CSI's Business Improvement Survey'. Es como un IRM (Imagen por Resonancia Magnética) de su compañía. Proporciona una imagen clara de las capacidades de su compañía.

Encueste a sus Clientes para saber en qué necesita enfocarse para incrementar su satisfacción y lealtad.

Encueste a sus Empleados y Gerentes para identificar áreas de mejora dentro de su organización.

Nosotros combinamos los resultados de ambas encuestas para un IRM comprehensivo de su negocio, por dentro y por fuera. Obtenga 'insights' accionables y medibles que usted pueda implementar de una vez para hacer su empresa más rentable.

Basado en permisos, entabla una conversación entre la gerencia, los empleados, clientes y los suplidores; para llegar a un análisis confidencial y objetivo global.

Genere iniciativas accionables que la empresa pueda asumir, incluyendo los criterios importantes para satisfacer a los clientes y mejorar su lealtad.

Ayude a identificar las barreras con la creación de una Cultura de Innovación y la capacidad de Triunfar Como Amazon en su empresa.

Las calificaciones aportadas en dichas áreas por parte de sus colaboradores le ofrecen una medida clave de la solidez de su compañía, en base a los 4 Pilares de Éxito de Amazon. Las compañías que han demostrado un buen desempeño tienen mayores probabilidades de conseguir y retener buenos clientes, empleados y gerentes. Conozca cuáles son sus fortalezas, sus debilidades y en cuales áreas debe enfocarse para obtener una mejora inmediata.

Le instamos a mirar más allá de los datos sobre el desempeño de su empresa y analice los datos que revelan la realidad de su empresa.

Por favor lleve a cabo esta evaluación GRATUITA accediendo a: http://www.belikeamazon.com/fourpillars.

Nota: Este proceso es TOTALMENTE CONFIDENCIAL. Se borran todos los datos al finalizar.

Críticas sobre Triunfar Como Amazon: Hasta un Puesto de Limonada Puede Lograrlo

Ubicar a las relaciones en el lugar de mayor importancia es el tema central de "Triunfar Como Amazon". Sus autores coinciden en que la mejora continua no trata sobre la reducción de costes sino sobre entablar relaciones. "Triunfar Como Amazon" traza una hoja de ruta que le muestra a las empresas como fomentar y mejorar las relaciones. Recomiendo a "Triunfar Como Amazon" encarecidamente a toda persona de negocios.

- Dr. Ivan Misner, Fundador de BNI y autor en el listado de los NY Times Best-Sellers

"'Triunfar Como Amazon' abarca uno de los elementos más importantes para ser empresario, la manera de cómo trabajar en tu negocio en vez de dentro de tu negocio. Recomendaría este libro a todo emprendedor que busque contar con una hoja de ruta y saltarse los años de ensayo y error. "

- T. Harv Eker, Autor de "Secrets of the Millionaire Mind", #1 en el NY Times Best-Sellers List

"Hay muchas cosas que distinguen a Amazon de sus competidores. Tal vez la más infravalorada sea su iniciativa más arraigada, basada en la fe que si alinean sus intereses con los de sus clientes, habrá una ganancia a largo plazo. ¡Así lo han hecho! Aún necesitarás una guía que te ayude a descubrir cómo aplicar esto a tu negocio. Deja que Bryan, Jeffrey y Roy te ayuden a generar más ganancias."

- Avinash Kaushik, Evangelizador digital de Google

"Leerás una multitud de notas publicitarias positivas en la solapa trasera de 'Triunfar Como Amazon'. Así que déjame decir ahora, desde el principio: si los Hermanos Eisenberg se sienten compelidos a escribir un libro, lo dejo todo para leerlo. Así de inteligentes son. 'Triunfar Como Amazon' es uno de sus mejores esfuerzos. Lamento no poder ser más específico, pero todos los vinculados al mundo de los negocios deberían comprarlo y leerlo. El que el legendario mercadólogo Roy H. Williams lo co-escribiera con ellos, sólo encarece la ecuación. Por el bien de tu marca, por favor, por favor, por favor lee el libro."

- Mitch Joel, presidente de Mirum y autor de "Six Pixels of Separation" y "CTRL ALT Delete"

"Wow, este es uno de los mejores libros de "negocios" que he leído en muchos años. Son increíblemente inspiradoras, la historia en sí y la manera en la que la narra. Quedé asombrado."

- Scott Brinkler, ChiefMartec.com

"Anécdotas ingeniosas y un diálogo claro que a veces se convierte en divertido, se fusionan en una exploración de poderosos principios del marketing y estrategias para la captación de clientes que han regido el crecimiento de muchas de las empresas más exitosas hoy día; hacen a 'Triunfar Como Amazon' una lectura obligatoria para todos, desde profesionales del mundo de los negocios hasta personas que aprecian una entretenida historia. Jeffrey, Bryan y Roy han creado un libro ingenioso y perspicaz que no sólo subraya la importancia de las marcas, sino que también inspira al espíritu y cosquillea al huesito del codo."

- Chris McCann, Presidente y Director General, 1-800-FLOWERS.COM, Inc.

"Si quieres hacer florecer a tu negocio, vas a tener que diseccionar las lecciones en este revolucionario libro. En las páginas de 'Triunfar Como Amazon', aprenderás las complejidades de desarrollar experiencias rentables que se centran en el cliente. Estas experiencias crean algo que toda empresa desea: el valor la de marca en la mente del consumidor. Si buscas hacer predecible el crecimiento del negocio mientras desarrollas una clientela que te aclame, lee este libro ahora. Ya seas una empresa familiar o pertenezcas a una empresa listada en el Fortune 50, estas lecciones son igualmente aplicables. Se convertirá en tu libro de consultas para temas de crecimiento empresarial e interacciones con el cliente."

- Dave Lakhani, Autor, Fundador de BoldApproach.com

"Pensamientos claros y elementales que ofrecen esperanza en vez de bombo publicitario."

- Mark Schaefer, autor de "Known" y "The Content Code"

"Si piensas leer 'Triunfar Como Amazon: Hasta un Puesto de Limonada Puede Lograrlo', mantén tu computadora encendida y prepárate para tomar notas - ¡MUCHAS!

Jeffrey y Bryan Eisenberg, junto a Roy Williams, han hecho un trabajo magistral al compartir consejos críticos para construir empresas que empoderan a sus empleados y se enfocan en proveer atención al cliente.

Poniéndose en los ojos de Poobah y Sunshine, el lector disfrutará de este manual de fácil lectura con coloridas historias de líderes empresariales, como Jeff Bezos y Sam Walton.

Si ya tienes tu propia compañía o eres un responsable en una gran empresa, te llevarás muchos aportes de 'Triunfar Como Amazon'. Hasta podrás montar un puesto de limonadas y aprender unas cuantas cosas.

- Brian Moran, Director General, Brian Moran & Associates

"He trabajado en el comercio electrónico desde 1999. Siempre he luchado en pro de que las empresas sean más impulsadas por los datos y centradas en el cliente. La parte más difícil siempre ha sido establecer una cultura adecuada y transformar la empresa completa. Se necesita tener la aceptación de la gerencia senior.

Tuve la suerte de conocer a los autores de este libro en persona. Sus historias siempre me mantuvieron escuchando en silencio, aprendiendo de sus magníficos ejemplos, los cuales pongo en práctica sin plantearme interrogantes en mi trabajo de consultoría.

Este libro es como sentarse en el carro con los autores, escuchando estas grandes historias, con la ventaja que ahora puedo involucrar a los gerentes de alto nivel, lo que les permite aprender de primera mano. Es un regalo maravilloso que estaré obsequiando con frecuencia, pues le será útil a muchas empresas para agilizar sus negocios.

- Tom Wesseling, Fundador de Online Dialogue

"Lectura obligatoria para cualquier compañía que busca ser líder en su categoría. Revelador, entretenido y de fácil lectura."

- Pete Cobb, Co-fundador y vicepresidente ejecutivo, Ebags

"lo La verdad es que no quería que se terminara el libro...Ha habido tantos libros escritos sobre cómo tener éxito en los negocios. Puedes googlear "Los 7 mejores consejos" o "Cómo incrementar las ventas" y lo más probable sea que obtengas una lista con viñetas de cosas que debes hacer. Sin embargo, ninguno de estos libros te lleva en un viaje a través de las lecciones, enseñanzas y algunos criterios de compañías exitosas, como lo hacen Jeffrey, Bryan y Roy.

La historia no sólo cautiva por su imaginación y curiosidad, sino que le permite volver a la narrativa de los ejemplos empresariales que han escrito. En la narración de la historia disfrutará del argumento y también desarrollará un verdadero entendimiento del secreto, que ya no lo es tanto, de lo que conlleva ser exitoso en el actual entorno empresarial. Jeffrey, Bryan y Roy no solamente le revelan el secreto, también le dirán lo que necesita para llegar hasta allí. No se apresure a terminar el libro, déjese captar por la historia."

- Shirley Tan, Estratega de comercio electrónico, The Systems Coach

"Excelente, sugerente, fácilmente digerible y lleno de ideas prácticas para TODO profesional empresarial. Prolijamente envuelta en una historia encantadora y hermosa, hace un proceso de aprendizaje fluido. Una obra impresionante."

- Phil Jones, exitoso autor de Magic Words

"¡Sin dudas, su mejor libro hasta el momento! Para los estudiosos del crecimiento y la transformación, este libro es un puente para pasar del "Porque", defendido por Simon Sinek, a las acciones de marketing y comunicación de una empresa. ¡Simplemente, una historia brillantemente contada!

- Steve McKean, Director General, BILLSHARK

"La mayoría de las personas creen que la capacidad de crear un negocio altamente rentable es una cuestión de suerte, momentum o un talento sobrehumano. De lo contrario, ¿por qué no lo hace todo el mundo? Esta reveladora parábola le presentará los Pilares y Principios que los Navegantes emplean hasta alcanzar el éxito y señala la casi irresistible tentación que los Bastardos con Nervios utilizan para convencernos de desistir y convertirnos en Comensales de Malvaviscos. Si lee este libro y sigue sus atemporales y probados consejos podrá convertir su puesto de limonada en un imperio."

- Tom Cunniff, Fundador, Cunniff Consulting

"Leí su libro 'Waiting For Your Cat to Bark?' por primera hace diez años. Fue mucho, mucho más que una guía sobre marketing digital. Ahora, los hermanos Eisenberg publicaron 'Triunfar Como Amazon'. No debe tomarle a un empresario, sin importar su industria, más de dos entretenidas horas de lectura. Como sus otros libros, les impactará e inspirará por muchos años."

- André Morys, Fundador WebArts & Growth Marketing Summit

"'Triunfar Como Amazon' es a la vez revelador y encantador. La desenfadada historia le hace recordar a los lectores que incluso mientras la tecnología descubre nuevos datos eficaces, la clave es acrecentar, no reemplazar el valor de las personas.

- Amber Armstrong, Director, Amplification Digital & Generación de la Demanda, IBM Watson Customer Engagement

"Esta es su oportunidad de ser la mosca en la pared y escuchar como el sabio Poobah enseña a su protegido Sunshine el motivo por el cual Amazon triunfó y Kodak falló, sobre la rueda volante y los malvaviscos, el océano de la vida, los peces grandes y los pequeños, la regla de las dos pizzas y la Academia de Magos. Aprenderá sobre el viaje del héroe que su cliente emprende, incluyendo las bifurcaciones en el camino, los pasos medibles, los desvíos, los catalizadores, las señales de tránsito y porque debe comenzar por el final.

Leer 'Triunfar Como Amazon' es como inyectar los 50 mejores libros sobre gestión empresarial y la sabiduría colectiva de los últimos 25 años directamente a su torrente sanguíneo."

- Dave Gray, Fundador, XPLANE, y autor, "The Connected Company", "Gamestorming" y "Liminal Thinking"

"Cuando era niño leí la copia de las fábulas de Esopo de mi padre decenas de veces. Recuerdo esas historias hasta el día de hoy y, sin embargo, no tengo muchos recuerdos de lo sucedido durante el festejo cuando cumplí los diez años. Los autores nos explican en 'Buyer Legends' el poder de las historias para crear experiencias memorables. En su más reciente libro 'Triunfar Como Amazon: Hasta Un Puesto de

Limonada Puede Lograrlo', utilizan el mismo enfoque que 'Buyer's Legend' para narrar una historia.

Debo admitir que, desde que lo empecé a leer, quedé desconcertado. Es diferente a los demás libros sobre "marketing" que he leído. Es una historia. Un mentor y su sabio protegido emprenden un viaje por la carretera; según se va desarrollando el cuento, el mentor entrelaza consejos y revela verdades durante todo el recorrido. Si pudiese plantear un tema central del libro, sería que trata de manera casi obsesiva sobre la importancia de ofrecer una experiencia de servicio al cliente superior. Trata sobre brindarle alegría y sobre crear vivencias cuando un negocio interactúa con un ser. De manera simultánea, es intuitivo y contraproducente, los autores alternan entre consejos de negocio sabios y astutos cuentos que respaldan los temas centrales del libro. Es intuitivo porque, "por supuesto, brindarle un buen trato a sus clientes es bueno para el negocio." Es contraproducente porque, mientras lee la anécdota sobre la renovación del baño hecha por los empleados, el resultado no es lo que imaginaba, sin embargo, le apropia un nuevo sentido a este principio.

Mientras leía atentamente el libro pude apreciar la manera en la cual la relación entre el mentor y su protegido cambiaba y se transformaba. Los personajes ejemplifican de una manera magistral los principios declarados y no pude parar de leerlo. Es una historia bastante simple, memorable y tranquilamente revolucionaria. Si su filosofía se alinea con la de los autores, encontrará suficiente información para fortalecer sus estrategias. Si es escéptico sobre las prácticas empresariales expuestas en el libro, le introduce un desafío reflexivo y persuasivo que le aportará fricción inteligente a sus ideas. Recomiendo altamente el libro. Para concluir, contrario al tema del libro del autor, este es un malvavisco apto para ser consumido de inmediato sin complejos.

- JP Sherman, Encargado de Captación de Clientes, RedHat

Un pequeño libro con un enorme impacto. 'Triunfar Como Amazon' desmitifica los principios y prácticas de las más exitosas marcas del mundo. ¡Es mágico!

- Jay Baer, presidente de Convince & Convert y autor de "Hug Your Haters"

¿Cuántos libros de negocios ha comprado o le han regalado que aún permanecen guardados en su biblioteca, bien sea parcialmente leídos o sin leer? Quedé estupefacto con 'Triunfar Como Amazon', por ser el primer libro de negocios, de los que he leído, que desde la primera página entabla un convincente diálogo. Me he quedado ENGANCHADO desde el primer párrafo y no lo leí hasta el segundo capítulo y lo volví a poner en mi librero, como acostumbro con otros libros de su género.

Estoy ocupado dirigiendo un negocio así que no tengo el lujo de desperdiciar mi tiempo leyendo el típico libro que promete hacer que mi negocio crezca, ni con mucha jerga de mercadotecnia, tal como "experiencia del cliente" o "alinearse con su mercado objetivo" u "ofrece soluciones a sus puntos débiles." Si ha leído más de un libro conoce todas las palabras de moda sobre ventas y mercadeo. 'Triunfar Como Amazon' irrumpió en el género de libros de negocios con la presentación en un formato de historia lo que predica: conectarse con su audiencia. Sabemos que no todo se reduce a contar historias, sabemos que debemos ofrecer una experiencia de cliente excepcional y que debemos construir relaciones sólidas. Poseemos el conocimiento intelectual sobre todos estos principios y que aún muchas compañías no aportan soluciones.

Bryan y Jeffrey Eisenberg, junto con Roy H. Williams, no nos hablan sobre mejores prácticas, sino nos están mostrando (no diciendo) prácticas excepcionales que contribuyen al objetivo de generar resultados en la empresa. Si quiere romper con el statu quo, exceder las proyecciones de crecimiento de su compañía y sólo dispones este año el tiempo suficiente para leer un libro de negocios , ¡'Triunfar Como Amazon' es ese libro!

- Tamara McLeay, Director General, Thulim.co

Triunfar como Amazon
Hasta un puesto de limonada puede lograrlo.

www.ingramcontent.com/pod-product-compliance
Lightning Source LLC
Chambersburg PA
CBHW060041210326
41520CB00009B/1214